河南省种子产业发展报告

河南省种子管理站
河南省种子协会　编

中国农业出版社
农村读物出版社
北　京

图书在版编目（CIP）数据

河南省种子产业发展报告/河南省种子管理站，河南省种子协会编．—北京：中国农业出版社，2020.2
ISBN 978-7-109-26462-5

Ⅰ.①河… Ⅱ.①河…②河… Ⅲ.①种子–农业产业–产业发展–研究报告–河南 Ⅳ.①F326.1

中国版本图书馆CIP数据核字（2020）第020245号

河南省种子产业发展报告
HENAN SHENG ZHONGZI CHANYE FAZHAN BAOGAO

中国农业出版社出版
地址：北京市朝阳区麦子店街18号楼
邮编：100125
责任编辑：魏兆猛　　文字编辑：张　毓
版式设计：杨　婧　　责任校对：吴丽婷
印刷：中农印务有限公司
版次：2020年2月第1版
印次：2020年2月北京第1次印刷
发行：新华书店北京发行所
开本：787mm × 1092mm　1/16
印张：5.25
字数：120千字
定价：50.00元

QIANYAN

前　言

进入新时代，全球种业形势正发生着深刻变化。从国际上看，世界正处于第四次种业科技革命的新阶段，种业的竞争由生物技术向数字农业、农技服务转化，中国化工并购先正达、隆平高科凭借中信力量扩张，双双进入全球种业十强，中国种业登上国际舞台；从国内看，种业重点由粮食作物向粮经饲作物，特别是特色作物全面加强，育种创新由重经济效益向经济效益与社会效益、生态效益并重转变，种业企业由同质化向多元化、区域化、专业化、差异化发展，种子管理由管许可、管品种、管市场，更多地向抓改革、抓科技、抓机制转变。种业新时代，标志着种业正在发生历史性的变革。

河南省是农业大省、粮食大省，也是育种、产种、用种大省，河南省是我国粮食安全和种业稳定发展的重要力量。河南省对全国种业贡献突出，选育的小麦品种郑麦9023、矮抗58和玉米品种郑单958、浚单20等先后荣获国家科技进步一等奖，连续多年居全国种植面积前列，为粮食增收、农民增产起到重要作用；小麦的豫麦49-198、郑麦366种质创制和玉米的豫宗5号种质创制成果应用，先后获得国家科技进步二等奖，为选育新品种创造了优质种质资源，使得河南省小麦、玉米育种在一段时期内处于全国领先地位。

在科学技术变革日新月异的新时代，现代农业发展对种业匹配提出许多新要求。2000年以来河南省没有在全国具有影响力的种子企业，种业发展内生动力日显不足，比较强势省份日渐式微。

为深入贯彻落实河南省委、省政府“四优四化”农业发展战略，推进河南省现代种业持续健康稳定快速发展，河南省种子管理站与河南省种子协会一道，咨询调研科研院所、典型种子企业，结合国内外种业发展现状，编制《河南省种子产业发展报告》，为省政府和有关部门制定种子产业政策、指导种业发展提供决策依据。

编　者

2019年3月

目　录

第一章　种业发展环境

一、国际种业发展现状及发展趋势

（一）全球种子市场规模突破500亿美元，美中两国领涨全球

据ISF（International Seed Federation，国际种子联盟）数据，2015年全球种子市场规模已达到了近500亿美元，较2008年的365亿美元增长了35.0%，年复合增长率为4.4%，预计到2020年全球种子市场规模将达到575亿美元。市场规模增长的主要动力得益于美国和中国两大种子市场规模的增长，二者种子市场规模占全球总量的50%以上。

美国是全球种子市场规模最大的国家，2015年市场规模达到158.3亿美元，是第二大的中国种子市场规模的1.5倍。美国种子市场规模保持着持续快速的增长，2008—2012年，美国种子市场规模复合增长率为9.0%；同期中国的种子市场规模增长异常迅速，年复合增长率近26%；2012—2015年，美国依然保持9.7%的复合增长率，但中国的增速则降到1.7%（图1-1）。美国国内市场基本被六大综合性农业企业垄断，市场集中度高，知识产权保护力

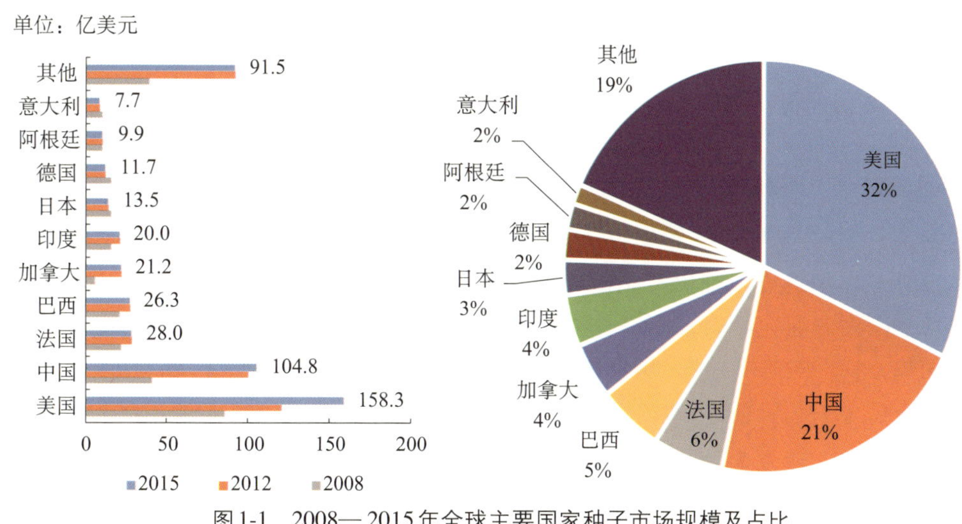

图1-1　2008—2015年全球主要国家种子市场规模及占比

（数据来源：ISF）

度强，种子科技含量高（转基因种子应用），种子附加值高，种子商品化率高，品种更新换代周期短，以上特点是美国种子市场保持持续、快速增长的主要原因。

从全球水平来看，发达国家良种对农业生产的贡献率普遍在50%以上，以美国市场为例，良种约占农业增产贡献率的60%，其他所有技术的贡献大约占40%。种业为现代农业发展、稳定粮食连续增产和农民持续增收做出了重要贡献。

（二）全球转基因作物增长进入平台期

1996年转基因作物在全球进行商业化种植，至今已应用22年，尽管转基因作物一直饱受争议，但转基因技术带给种业乃至农业的变化巨大。在22年间，转基因作物种植由1996年的170万公顷发展到2017年的1.898亿公顷，增长了112倍；转基因作物种子市值也随种植面积上涨，由1亿美元增长至172亿美元（Cropnosis机构估算，图1-2）。

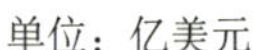

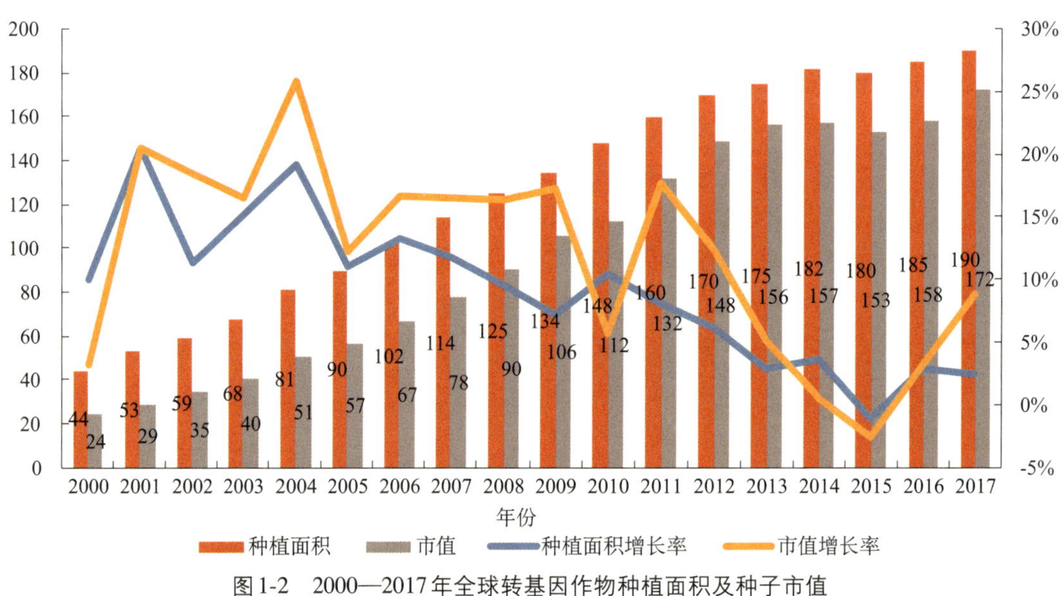

图1-2　2000—2017年全球转基因作物种植面积及种子市值

（数据来源：ISAAA，Cropnosis）

全球转基因作物种植国家高度集中，以美国、巴西、阿根廷、加拿大和印度为主，这五大国家转基因作物种植面积占据全球转基因作物总面积的90%以上（图1-3）。据ISAAA统计，目前这五大国家转基因作物种植已接近饱和，其他国家因未开放或仅部分开放转基因作物商业化种植，而增长空间有限。全球转基因作物种植面积增幅由2010年以前的10%，逐渐下降至3%，增长进入平台期。

农作物转基因品种研发门槛高、周期长、投入大、不确定性高，知识产权保护也极其严格。商品化的转基因品种推出前的平均研发费用高达1.35亿美元，远远高出普通种子企业科研育种承受能力。目前全世界的转基因产品几乎被孟山都（并购前）、杜邦先锋（合并前）、先正达、拜耳、陶氏益农（合并前）、巴斯夫六大公司垄断。

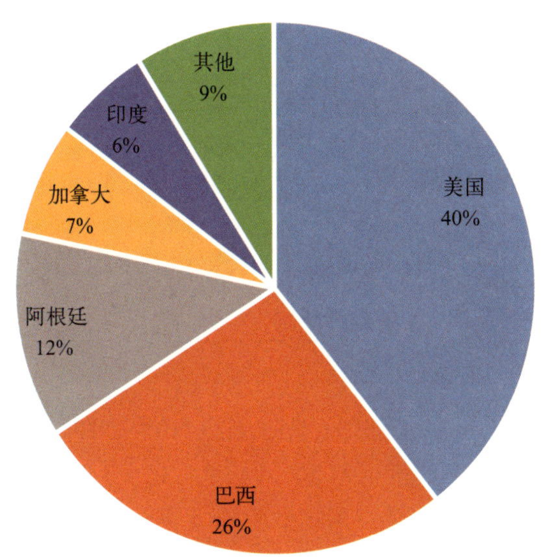

图1-3　2017年全球主要转基因作物种植国家面积占比
（数据来源：ISAAA）

未来转基因作物品种的种植面积增长，取决于新兴市场或作物类别的进一步开放。作为全球第二大种子市场规模的中国，将是全球转基因作物种植面积、转基因种子市场规模未来发展的最大变数，也将是国际种业巨头互相争抢的主要战场。

（三）第三次并购浪潮，国际种业竞争格局重塑

近20年来，世界种业经历了三次并购大浪潮。第一次浪潮是1997—2000年，以孟山都为首的生物技术入侵种业，孟山都悄然崛起；第二次浪潮是2004—2008年，以农化集团为首的全面并购种业公司，特别是生物技术能力强势的种业公司，形成了以孟山都、杜邦先锋、先正达、陶氏益农等割据的局面（表1-1）；第三次浪潮是2015—2018年，农业集团间的超级并购，打通农业各环节，寻求新的增长。

表1-1　2000—2017年全球种业销售额前10位企业排名

单位：亿美元

2000年		2007年		2015年		2017年	
企业	销售额	企业	销售额	企业	销售额	企业	销售额
杜邦/先锋	19.0	孟山都	49.6	孟山都	102.4	孟山都	109.1
孟山都	17.0	杜邦先锋	33.0	杜邦	67.9	陶氏杜邦	81.4
先正达	9.5	先正达	20.0	先正达	28.4	先正达	28.3
利马格兰	7.0	利马格兰	12.3	利马格兰	17.1	利马格兰	19.0
埃德瓦塔	4.1	Land O's Lakes	9.2	Land O's Lakes	15.7	拜耳	18.1
圣尼斯	3.7	KWS AG	7.0	陶氏益农	14.3	KWS AG	16.0

（续）

2000年		2007年		2015年		2017年	
企业	销售额	企业	销售额	企业	销售额	企业	销售额
KWS AG	3.3	拜耳	5.2	KWS AG	14.0	坂田	5.6
坂田	3.3	坂田	4.0	拜耳	13.9	丹农	5.4
Mycogen	3.1	丹农	3.9	丹农	5.1	隆平高科	4.9
Delta Pine	3.0	泷井	3.5	坂田	4.6	瑞克斯旺	4.8

数据来源：Philips Mcdougall

前两次全球并购浪潮见证了孟山都、先正达、杜邦先锋等种业巨头的问世，第三次并购浪潮则将全球种业竞争格局推向双寡头时代。2015年12月11日，世界第二和第三的美国化工业巨头陶氏化学和杜邦公司正式宣布合并，合并后的陶氏杜邦市值超1 500亿美元，成为化工企业中的老大；2017年6月，中国化工以430亿美元完成对先正达的收购，成功跻身全球农化巨头之列；2018年6月7日，德国公司完成20年来最大跨国收购案，拜耳以630亿美元的价格正式收购孟山都，全球最大的种子和杀虫剂生产商巨头诞生。

根据2017年ISF发布的全球种业竞争格局，“新拜耳”和陶氏杜邦两农化巨头种业市场分别占全球种业市场的22%、18%，占种业市场份额高达40%，先正达位居第三，占6%，两大农化巨头在种业市场已遥遥领先（图1-4）。

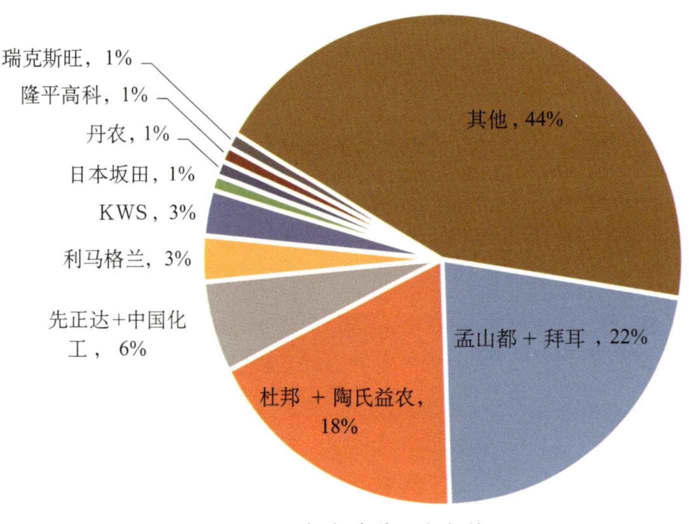

图1-4　2017年全球种业竞争格局
（数据来源：ISF）

（四）种业竞争由聚焦生物技术向大数据、精准农业转变

现代种业核心竞争力是生物技术、现代信息技术、人工智能与大数据分析的高度融合。过去的20年，世界种业竞争是以生物技术为核心的竞争，孟山都、杜邦先锋等种业巨头投入巨额资金用于生物技术育种，垄断地位日益明显。随着全球现代信息技术、大数据分析和人工智能的快速发展，国际农化巨头纷纷投入其中，抢占先机。

2013年孟山都斥资9.3亿美元收购提供气象数据服务的Climate公司，向服务与数据业务进军。Climate公司面向农民提供农业数据技术平台和意外天气保险服务。它通过分析已掌握的海量数据，包括气象、天气、降雨、地质土壤调查数据等，来预测近期与未来可能对农业生产造成破坏的各种情况，选择应对防范措施，降低气候环境对农业生产带来的影响；还帮助农民预测作物产量，根据预测情况选择相应的农业保险。

（五）国际重点种业企业剖析

1. 孟山都

孟山都成立于1901年，建立之初是以生产糖精为主的一家化学公司，而后逐步拓展到农业、生物科技和制药领域，最终发展成为跨国农产品供应商及全球最大的转基因种子生产商。这一全球农业生物技术的领导者，最终在2018年6月被德国农化巨头拜耳收购，终结其117年的历史。纵观孟山都的发展史，不难发现孟山都的成功之道有以下特点。

（1）对未来市场的远见　孟山都创办之初是以农业化工为主业的传统企业，在20世纪70年代，随着社会关注焦点逐渐转向环保领域，孟山都的单一除草剂产品对公司未来发展存在较大隐患。公司在时任总裁汉利（John Hanley）的主导下实施战略转型，转型的方向聚焦在当时刚刚起步的生物技术，并很快付诸行动，组建生物技术的核心科研团队，投入大量人力、物力和资金全力发展。最终，孟山都在全球完成第一个转基因作物试验，并成功进行商业化推广，从此牢牢占据全球转基因技术的制高点，让其他种业企业望尘莫及。

在转基因商业化推广的20年后，孟山都几乎垄断了全球80%的转基因作物种子市场。随着转基因作物种植增速的减缓，孟山都又将视线瞄准了方兴未艾的数字农业，寻求新的增长。2012年，孟山都结合已有的种子数据库开发并推出了“一体化农田耕作系统”，同年6月，孟山都以2.5亿美元收购了精准播种（Precision Planting）公司，利用分析土壤中的数据，实现非均匀播种。2013年，以9.3亿美元收购了美国的气候公司（The Climate Corporation）。气候公司的平台汇总了250万个地点的气象测量数据和各主要气候模型的天气预报，同时综合1 500亿个土壤观测记录，对这些数据进行处理，生成10万亿个天气模拟数据点，这就要求气候公司的平台必须在任何给定的时间下都能管理50TB的实时数据。这种先发优势和高门槛都会成为后来者的壁垒。

（2）全球化收购、兼并和分拆　在明确了发展方向后，孟山都不断地根据自身发展需要对全球种业领域的公司进行收购、兼并和分拆。1996—2008年期间，孟山都在全球

收购了350多家种子和农业公司，这其中不乏全球不同作物种子领域领先的企业，如大豆种子的领导公司Jacob Hartz公司和Asgrow公司、当时北美市场排名第二的迪卡公司、占据美国玉米自交系市场38%左右份额的Holden基础种子公司、世界棉花种子的领导公司岱字棉公司、蔬菜种子的领导公司圣尼斯公司等，最终利用资本的力量变身成为跨国种业巨头。

孟山都的整合目标主要有三类：①以生物技术为主的研发型企业；②具有优质种质资源和较高市场份额的生产型企业；③与种子相关的农业生产环节业务，为种子业务服务。在收购的同时，积极剥离与种业领域关联度较低的业务，适中聚焦种业，做大做强。

（3）注重研发与知识产权的保护　公司历经百年能够始终保持领先地位，得益于其构建的技术壁垒。孟山都在全球建有106个种子研发机构，研发人员达到2 300人，近70%人员拥有博士学位，其中从事育种研究的有830多人，占比超过1/3。自2009年以来，公司的研发投入超过10亿美元，占其销售收入的10%。2017年研发投入16.07亿美元（图1-5），每天用于科研的费用更是高达440万美元。除了自身的研发项目外，孟山都与各大企业成立合资或合作研发项目，同时资助诸多大学的研发项目，与专业的私人研发公司进行合作等。

图1-5　孟山都研发投入情况

（数据来源：孟山都年报）

在强大的研发能力下，孟山都通过严格的专利保护制度有效地构筑市场壁垒，保证独占实施权，以巩固其对市场的控制力。孟山都在全球56个国家或组织申请了专利，目前孟山都拥有1 700多项专利，掌握着全球90%的转基因种子专利权。

总结起来，孟山都以其超前的远见引领全球农业的发展方向，通过横向并购进入种业领域积累优质资源，利用强大的研发和专利保护构建技术壁垒，维持其全球农业领导者的地位和较高的市场份额。

2. 杜邦先锋

与孟山都一样位于美国的化工巨头杜邦公司，于1999年完成对当时世界最大的种子公司——先锋海布雷国际有限公司的收购，成功实现了由化工投资农业的战略转型，杜邦先锋由此诞生。杜邦先锋曾是全球第二大种子公司、第一大玉米种子生产商。杜邦先锋在并购扩张、注重研发、创新等方面与孟山都的发展类似，但杜邦先锋的成功之路也有其独特之处。

(1) 保持杂交育种技术的优势　先锋公司在并购前是一家以传统杂交育种为优势的企业，其在玉米育种上的技术全球领先。在与杜邦合并后，公司一方面发展生物技术，一方面不断加强对杂交育种的研发投入以保持领先。杜邦先锋在全球建有规模最大的玉米种质资源库，覆盖全球60%的玉米种质资源，有近4 000名科学家在全球110多个育种站为其从事品种选育等研发工作，并可实现资源共享。杜邦先锋以独创的快速玉米技术、SPT技术等核心育种技术搭建了完善的先锋育种技术平台，在育种周期和育种精度上都具有明显的优势。

(2) 海外协议并购　与孟山都兼并重组的扩张方式不同，杜邦先锋公司主要通过定制协议，获得自身没有的种质资源，进而扩大业务范围。2008年12月，杜邦公司推出“PROaccess”（专业的分销渠道）概念，通过签署定制协议的方式，以合资、兼并、投资等方式与第三方种植公司合作，开发本土化的“合作品牌”或“第二品牌”，并利用合作方的销售渠道，达到打破地域壁垒、迅速进入新市场的目的。如杜邦先锋在国内与登海种业和敦煌种业成立合资公司，销售以先玉335为主的先玉系列玉米品种，迅速在国内打开市场。

(3) 塑造价值营销体系　杜邦先锋的成功除了具有全球竞争力的研发平台，还在于其深入农户的价值营销体系，主要体现在杜邦先锋种子品牌的塑造和精细化服务上。在北美地区，杜邦先锋主打抗虫系列和抗旱系列玉米种子品牌，其中抗虫系列涵盖8个主要子品牌，涉及单抗、多抗以及耐除草剂等性能，且不同品种的优势特性鲜明。在所有的细分目标市场，杜邦先锋种子品牌均有所介入。

此外，杜邦先锋也是全球十大种业公司中较早提供农技服务的公司之一，公司把服务精细化管理，使得服务面面俱到，从种子销售、播种指导、田间管理指导到收获指导、作物销售，从而加深种子品牌的塑造，加快种子产品的推广。

3. 先正达

先正达成立于2000年，是由Astra Zeneca的农化业务——Zeneca农化公司以及Novartis植保和种子业务分别从原公司独立出来合并成立的，所以先正达公司有着深厚的农化基础。相比拥有百年历史的种业巨头孟山都和杜邦先锋，先正达是全球种业的后起之秀，在短时间内成为全球第一大植保公司、第三大种子公司。最终为寻求业务的新增长，于2016年被中国化工以428亿美元收入囊中。

先正达种子业务的崛起与其他国际巨头相似，通过不断地并购扩大种子业务与农化业务，重视科研研发和创新保持领先，先正达的独特之处是其复合型业务结构和作物综合解决方案的商业模式。

（1）复合型业务结构　先正达前身是以除草剂为主的业务结构，随着市场对环保需求的增加，先正达顺应市场的变化，调整农化产品结构。先正达不像孟山都剥离其擅长的农化业务，而是减少除草剂的研发投入，加大对杀菌剂、种衣剂、生物农药的研发投入，同时跟进种子、园艺业务，开启"农化+种子+园艺"协同发展新模式。

（2）作物综合解决方案　作物综合解决方案（ICS，Integrated Crop Solution）是先正达于2011年制订的公司发展战略。其方案是对目标作物，由播种开始从土壤、种子、种植、植物营养到病虫害防治等方面提供全方位保护，实现农业生产最大收益，同时根据作物生长需求制订全程植保解决方案和技术服务，最大限度地减少过度施用农药的风险，并为农产品实行可追溯提供可能。在确定作物整合解决方案战略后，先正达对公司内部业务模式和组织结构进行调整。在整合植保业务和种子业务的过程中，先正达将业务模式由以产品线为导向重组为以作物单元为导向，打破原有的垂直管理格局，将全球业务重整为八大作物单元：麦类作物、非麦类大田作物、甘蔗、大豆、水稻、玉米、蔬菜以及特种作物。这一业务模式，可以使公司业务模块间相互协同，提升供应链产出，同时减少支出。

随着全球农业现代化、规模化水平的不断提高，种植者对高效规范的种植方案需求迫切，而先正达丰富的植保和种子产品、完整的产品线和领先的技术与种植者的需求和全球绿色发展的趋势高度契合，使得作物综合解决方案具有广阔的发展前景。

先正达整合作物从种子、种植、田间管理到收割的全过程，为作物提供全方位保护，为种植者提供轻松、高产的作物综合解决方案。在全球种植者面临的挑战不断增加的背景下，基于自身在农化、种子领域的领先地位以及先进的农业技术，先正达以种植者需求为导向，提供从土壤、种子、种植、植物营养到病虫害防治的一体化作物综合解决方案，构建"植保+种子+农技服务"一体化作物综合解决方案平台。目前先正达发展成熟的作物（玉米、水稻、甘蔗、大豆、番茄等）整合解决方案已在巴西、美国、中国和印度等多个国家推广应用。

二、中国种业发展现状及发展趋势

种业是国家战略性、基础性核心产业，是农业的"芯片"，是粮食安全的根基。国家高度重视种业的发展，为种业发展创造了良好的环境。特别是改革开放以来，中国出台了一系列支持种业发展的政策，加快推进了现代种业的发展。

2000年伊始，《中华人民共和国种子法》（以下简称《种子法》）颁布实施，市场化种业迈入快车道，各种类型的股份制企业特别是民营种子企业雨后春笋般的产生发展，同时省、市、县三级国有种子企业渐行匿迹，10年间全国注册种子企业达8 700家，数量发展至顶峰。2010年后，种业走向资产重组，企业间并购开始，企业数量逐渐减少，资产规模继续扩大，科研创新投入加速增长，市场集中度提升，综合竞争实力增强。

据统计，2017年我国主要农作物良种覆盖率达到96%以上，良种对农业生产的贡献率达到43%，与美国的60%还有差距。

（一）种业市场规模持续增长

据全国农业技术推广服务中心数据，截至2017年，中国种业市场价值1 222亿元，近10年复合增长率为8.46%，为全球第二大种业市场（图1-6）。其中，水稻、小麦、玉米、大豆、棉花、油菜、马铃薯7种主要农作物种子市场规模约为877亿元，占全国总规模的71.77%。

图1-6　1999—2017年中国农作物种子市场规模

（数据来源：全国农业技术推广服务中心）

（二）政策法规构架逐渐完善

党中央、国务院高度重视种业工作，制定一系列政策文件，颁布法律法规，推进现代种业快速健康发展。《种子法》《中华人民共和国植物新品种保护条例》的施行，标志着我国种业发展正式进入市场化阶段。2010年中央1号文件出台，种业发展提升到国家战略高度，推动种子行业整合发展。随后，农业部修订发布了《种子法》配套管理办法《农作物种子生产经营许可管理办法》《主要农作物品种审定办法》和《农作物种子标签和使用说明管理办法》。这期间，随着我国市场经济的深度发展，种业水平提高，《种子法》及其配套管理办法经过多次完善修订（表1-2），形成了当前的以新《种子法》为核心、三个管理办法为配套规章的法制管理体系。从政策层面对种业研发、品种权保护、企业审批、生产经营等方面加以规范，推进法制种业建设，使有研发能力、有资源的企业在激烈的市场竞争中脱颖而出，培育出一批综合实力强、具有竞争力的企业。

表1-2 我国农作物种子相关管理办法的修订

管理办法	修改、变化
《农作物种子生产经营许可管理办法》	①种子生产和种子经营许可证“两证合一” ②取消注册资本和固定资本的数额要求，增加品种要求条件 ③种子生产经营许可证核发权力下放至省级、市县级农业主管部门 ④种子生产销售地点不受许可证载明区域的限制 ⑤建立种子生产经营档案，新增三类无须办理许可的种子生产经营者的备案义务和备案内容，对自行出售、串换种子的农民进行身份、区域和数量的规定
《主要农作物品种审定办法》	①拓宽品种试验渠道，绿色通道由国家级拓展到省级，允许企业自行或与科研单位联合开展自有品种试验 ②缩短试验审定时间，对区域试验第1周期表现突出和特殊用途品种，允许第2周期区域试验与生产试验合并 ③公开透明试验审定过程，要求申请者参与主要环节，接受社会监督 ④简化引种程序，通过一个省审定的品种引种到同一适宜生态区的其他省，改为备案制 ⑤明确试验审定工作主体责任，相关鉴定人对数据真实性负责，引种人对品种的真实性、安全性、适应性负责 ⑥新增DUS测试要求，证明申请审定品种的特异性
《农作物种子标签和使用说明管理办法》	①强化真实性要求，种子生产经营者对标注内容真实性和种子质量负责 ②强化完整性要求，必须注明种子储藏条件和可能出现风险的提示及注意事项，使用种者有充分知情权 ③强化严谨性要求，标注品种名称时不得有修饰性文字，不得有引人误解的文字图案 ④强化可追溯性要求，种子标签必须有信息代码，并发布了信息代码的编码规则

数据来源：公开资料

（三）种业创新水平不断提高

我国通过种业人才培养、成果权益改革、四大作物良种联合攻关、开通品种审定绿色通道和完善种业科研成果交易转让机制等重大举措，种业技术创新、资源创制和集成创新能力水平显著提升。

从我国种业专利申请量与授权量看，2013—2017年我国种业累计专利申请量29 934件，授权量20 249件；通过国家审定品种累计量986件，省级审定品种量7 669件；申请植物新品种权累计量11 179件，授权量5 801件。我国种业科技创新水平稳步提升，2017年新品种权申请量、国家授权量、通过国家审定品种数量分别是2013年的2.61倍、11倍、3倍（图1-7）。

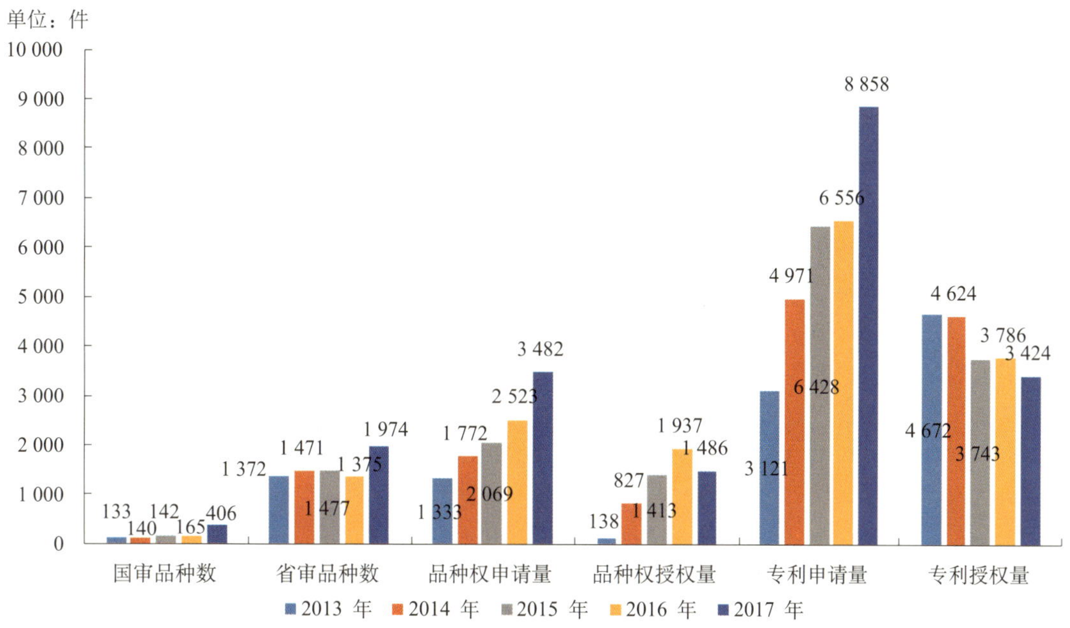

图1-7 2013—2017年全国品种审定、品种权申请和专利情况
（数据来源：全国农业技术推广服务中心）

（四）种业市场整合力度不断加大

2000—2010年，我国种业经过10年市场经济的高速发展，出现企业“多、小、散、弱”、集中度低等问题，亟待整顿提高。2011年，国务院适时下发《关于加快推进现代农作物种业发展的意见》（国发〔2011〕8号），提出做大做强农作物种子企业的目标；农业部出台扶持企业做大做强发展政策，采取严格种子生产经营许可条件、抬高种子企业审批门槛、强化种子市场监管等措施，推进企业兼并重组、提高种业集中度。截至2017年年底，全国持有效经营许可证的种业企业数量为5 203家，比2010年减少3 976家（图1-8）。国家级“育繁推一体化”企业数量共计90家，涵盖了玉米、水稻、小麦、大豆、

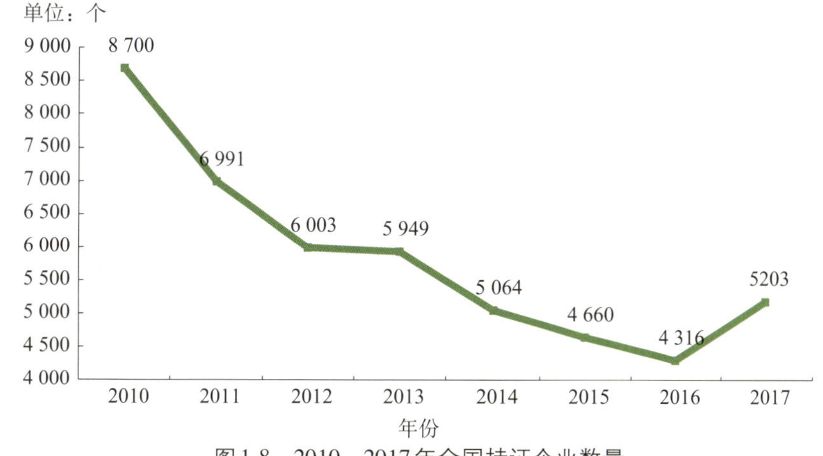

图1-8 2010—2017年全国持证企业数量
（数据来源：全国农业技术推广服务中心）

马铃薯、棉花、蔬菜、杂粮、葵花等主要农作物和重要经济作物。

据现代种业发展基金统计，2010—2017年8年间，全国公开披露的种业并购事件达114起，交易总金额达91.39亿元，事件和金额年均增长率分别达到37.28%和69.20%（图1-9）。

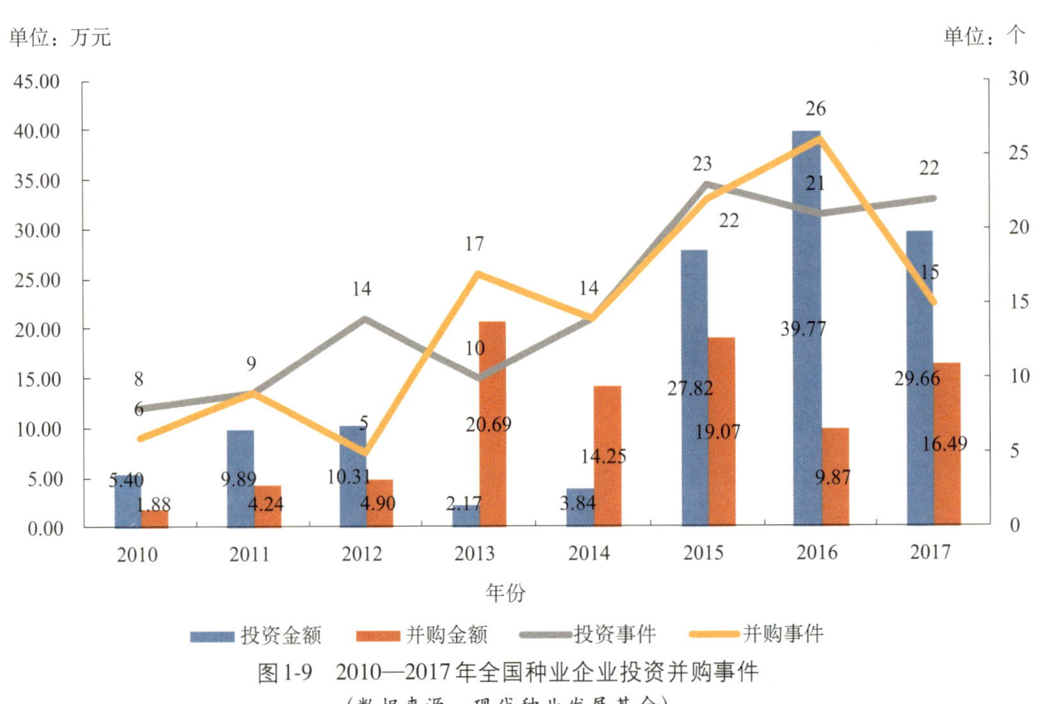

图1-9　2010—2017年全国种业企业投资并购事件

（数据来源：现代种业发展基金）

（五）中国种业企业综合实力增强，跻身全球十强

2017年，全国种业企业实现种子销售总收入达722.74亿元，比2011年增加196.14亿元。2017年全国种业企业科研总投入42.33亿元，其中前10名企业科研总投入7.62亿元，占其种子销售收入（92.91亿元）的8.21%。5种主要农作物（水稻、玉米、小麦、棉花、大豆）企业育种通过国审品种343个、通过省审品种1 268个，数量超过科研单位，成为品种研发主体。企业利用资本市场迅速扩大。截至2017年12月31日，我国种业上市公司共有11家。其中国内上市公司10家，按上市时间依次是丰乐种业、隆平高科、农发种业、万向德农、敦煌种业、登海种业、大北农、荃银高科、神农基因及苏垦农发。其中，主板7家、中小板1家、创业板2家；海外上市1家，即北京奥瑞金种业公司。

2016年袁隆平农业高科技股份有限公司（隆平高科）营业收入达22.99亿元，跻身全球种业十强；2017年隆平高科携手中信农业基金收购陶氏益农巴西玉米种子业务，中国企业正式进军国际市场。2017年6月，中国化工集团完成收购瑞士农业化学和种子公司先正达，创下中企海外单笔收购金额最高纪录（428亿美元），与隆平高科共同跻身全球种业十强。

（六）国内重点种业企业剖析

自2000年以来，国际种子行业竞争日益激烈，经过珠联璧合、纵横兼并之后，行业逐渐被少数国际种业巨头掌控，市场呈高度集中趋势。伴随着又一次的兼并浪潮，中国企业正式登上国际种业舞台，参与国际市场竞争。在此，编者对国内重点种业企业进行简单分析，窥视大企业成功发展之道，以供河南省种业发展借鉴。

1. 隆平高科

隆平高科成立于1999年6月，是由湖南省农业科学院、湖南杂交水稻研究中心、袁隆平院士等发起设立的以科研单位为依托的农业高科技股份有限公司。20年间，隆平高科发展迅速，由以杂交水稻为主的科技成果转化型企业发展成为跻身全球种业十强的国际种业公司。相比历史悠久的国际巨头（即便是2000年成立的先正达，其前身也是拥有百年历史的化工巨头），隆平高科的发展是个奇迹。

（1）建立完善的育种体系、体制、机制　隆平高科是脱胎于科研单位的企业，与国内大多数种子企业一样，早期其在自主研发、创新方面基本空白。直到2007年，隆平高科并购湖南亚华种业科学研究院（以下简称种业科学院），建立水稻自主研发体系（图1-10）。实施大规模协作育种，坚持“标准化、程序化、信息化、规模化”要求，建立首席育种家领导下的“工厂化、分段式”育种流程。引入“商业化育种激励机制”，团队内根据研发各环节人员所做贡献大小进行成果效益提成的分配；团队之间的资源共享，按照一定比例分享成果开发提成。

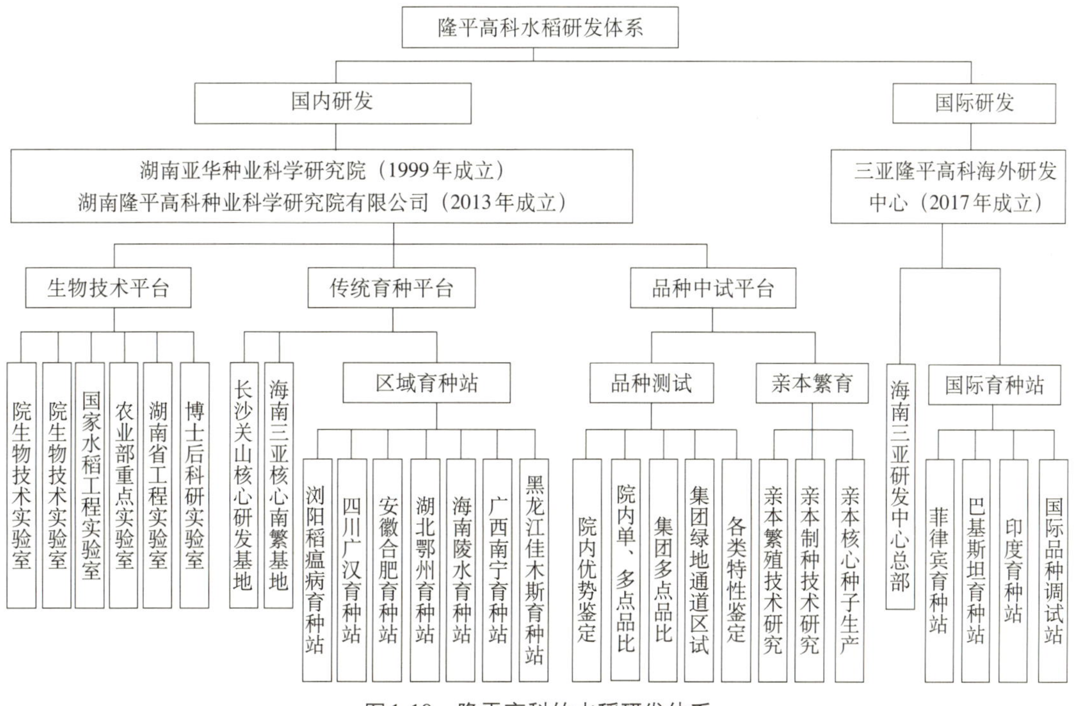

图1-10　隆平高科的水稻研发体系

（数据来源：隆平高科年报）

隆平高科与国内乃至国际杂交水稻科研领先的湖南杂交水稻研究中心签署全面合作协议，坚持协作研发排他性，使得双方的育种科研平台高度融合，科研资源得到高效利用。隆平高科布局海外研发，在菲律宾、印度、巴基斯坦建立育种站，在印度尼西亚、越南、孟加拉国、缅甸等建立测试站，进军东南亚水稻市场。

完善的自主研发体系、高效的产学研合作模式、大量的研发投入，使隆平高科杂交水稻资源、技术、品种储备等方面在行业内建起技术壁垒。

（2）发展战略目标明确　2015年年底，中信农业完成对隆平高科的定增，成为其第一大股东。隆平高科公司制定了明确的发展战略目标和远景规划。自2015年起，用10年时间进入全球种业企业前五强，打造民族种业的航母，护航国家粮食安全。该战略愿景分三个阶段实现：一是至2017年，进入全球种业企业前十强，目前已经实现；二是至2020年，进入全球种业企业前八强；三是至2025年，进入全球种业企业前五强。确立以“种业运营+农业服务”为价值链战略；以水稻、玉米、蔬菜种子为核心品类，小麦、薯类、棉花、油菜籽、花生、大豆等为辅助业务的品类战略；以“国内市场+国际市场”同步扩张、“一带一路”重点突破为区域战略；以“内生发展+外延驱动”双动力为增长战略。

（3）利用资本运作实现内生外延　隆平高科背靠中信农业强大的央企资本与资源优势，频频利用资本运作实现企业的“内生增长+外延并购”战略。

①加大科研投入、催化内生增长。增加研发投入费用，提升商业化育种研发能力，尤其是生物技术在育种方面的科研创新。2015年以后，隆平高科研发投入费用大幅增长，由2014年的1.11亿元增长到2017年的3.23亿元，年增长率达40%左右（图1-11）。研发投入与销售收入占比由2014年的6.11%提升到2017年的10.14%，与国际种业公司水平看齐。

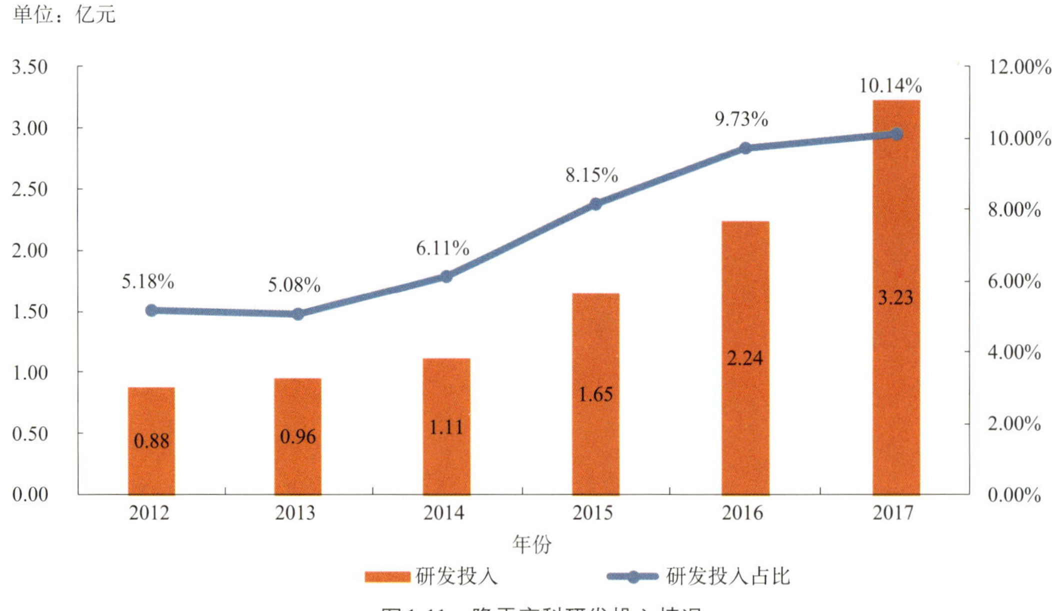

图1-11　隆平高科研发投入情况
（数据来源：隆平高科年报）

②整合并购、扩大规模。公司坚持聚集种质资源、开拓渠道、品种互补的思路，逐步整合优质资源。隆平高科频繁开展国内外的收购活动（表1-3），壮大主营优势水稻种子，同时扩展蔬菜、谷子、向日葵等经济作物种子领域。公司以国际视野积极布局海外市场，提升企业的国际竞争力。

表1-3　中信入主隆平高科以来外延扩张情况

时间	外延扩张事件	对公司的影响
2015年6月	收购天津绿丰园艺80%股权；收购天津德瑞特80%股权	加快公司蔬菜产业发展，拓宽公司有事产业范围
2016年10月	设立黑龙江粳稻合资公司	弥补公司东北粳稻等领域的空白，实现水稻种业全产业链覆盖，夯实行业领导地位
2016年10月	收购江淮园艺51%股权（已终止）	加快公司蔬菜产业发展，提升公司蔬菜研发能力
2016年12月	收购广西恒茂51%股权	恒茂拥有我国杂交籼稻和西南玉米行业中较成熟的产业体系。双方可以在品种、生产与营销策略方面产生协同效应，打造新的多品牌宽渠道运作主体，差异化与规模化并举，最大限度地开拓市场，提高隆平体系在广西、江西等市场的占有率
2017年3月	收购湖北惠民32.49%股权	有利于公司做大做强产业，提高水稻主流品种市场占有率和终端服务能力
2017年6月	收购湖南金稻80%股权	湖南金稻是湖南省内优质杂交水稻销量最大的种子公司之一。公司的杂交中稻种业与其可构成强有力互补，对其进行收购整合将有利于完善公司的市场和产品布局，进一步提升公司的市场竞争力和盈利能力
2017年7月	设立南方粳稻研究院	完善公司南方水稻种业市场的全面布局，进一步提升公司的水稻种业创新能力、市场竞争力和盈利能力
2017年8月	收购湖南惠民47.51%股权	有利于提高公司在湖北及周边市场的营销能力、终端服务能力和占有率
2017年11月	收购河北巡天51%股权；收购三瑞农科49.45%股权	加快其他经济作物种子领域的布局，完善公司的行业和产品布局
2017年11月	中信农业基金收购陶氏益农在巴西的特定玉米种子业务	参与全球种业整合机遇，将加快隆平高科由一家中国本土市场龙头发展为具有国际竞争力的全球化种业公司的进程
2018年3月	收购联创种业90%股权	利于增厚公司业绩，有助于实现玉米业务内生外延，与公司海外玉米种子资源产生协同，提升公司玉米种子竞争力

数据来源：隆平高科年报

总体来看，全球领先的杂交水稻育种竞争力、明确的发展目标、完善的战略实施方案，再加上资本的支持，是隆平高科近年来迅速发展的主要成功要素。

2. 登海种业

山东登海种业股份有限公司成立于1985年，由著名玉米育种、栽培专家李登海建立，是中国第一家民营种业公司，2005年在深圳交易所农业板块上市。

登海种业经过三十多年的发展，从小到大、由弱变强，步入农业上市公司、全国种业龙头企业行列，有其独特的成功经验。

（1）坚持正确的玉米育种方向　公司自成立之初，一直专注于玉米品种研发。公司开创国内“紧凑型玉米育种”先河；在全国设立32个育种中心和试验站，建成国内最大玉米种业研发平台［拥有国家玉米工程技术研究中心（山东）、国家玉米新品种技术研究推广中心和国家认定企业技术中心、山东省玉米育种与栽培技术重点实验室、玉米产业技术创新战略联盟等多个具有行业影响力的技术创新平台］。公司历经几十年持续不间断的玉米育种研发创新和高产攻关，完成了以掖单2号、掖单6号、掖单13、登海661与登海605、登海618为代表的我国5代玉米杂交种的进步性替代，引领着中国杂交玉米的发展方向，品种储备完善，高产品种的再升级能力强。截至2018年6月底，公司共申请品种权162项，获得品种权118项；申请专利22项，获得专利11项，其中发明专利5项，居全国玉米种业第1位。

重视科研育种投入。公司专业研究人员数量保持在170～190人，占员工总数的16%～19%。登海种业的研发投入近10年来基本保持增长态势，研发投入由2010年的2 762万元逐渐增长至2017年的5 101万元，占营业收入的比例保持在2.22%以上（图1-12）。虽然登海种业的研发费用占比与国际种业巨头甚至隆平高科仍有一定差距，但是作为国内民营种业公司，其研发投入在行业内也是首屈一指的。公司持续的研发、创新和技术储备，是登海种业能够保持在行业中龙头地位的核心竞争力。

图1-12　登海种业研发投入情况
（数据来源：登海种业年报）

(2) 善于合作共赢　公司积极与国内科研单位、院校、企业合作，共建科研育种攻关平台。现已与科研院校共建5个创新平台研发基地：国家玉米工程技术研究中心、国家玉米新品种技术研究推广中心、国家认定企业技术中心、山东省玉米育种与栽培技术重点实验室、山东省泰山学者岗位。联合国内33家单位发起成立玉米产业技术创新战略联盟，参与中国种业科技创新战略联盟、中关村生物农业产业技术创新战略联盟、山东省玉米产业技术创新战略联盟、山东省农业大数据产业联盟等多个具有行业影响力的技术创新平台。这些联盟成为进一步提升公司科研育种能力的厚实基础。

国际合作方面，2002年登海种业与美国杜邦先锋开展合作，共同出资组建山东登海先锋种业有限公司，主要生产、销售杜邦先锋玉米品种。通过与美国杜邦先锋公司合资，一是引进了新品种、新技术，提高市场占有率，特别是先玉335，成为公司的核心竞争力品种之一；二是能够近距离地学习跨国公司在种子生产、种子精加工和种业物流方面的先进经验并转化应用，提高了公司的核心竞争力。近期，登海种业与杜邦先锋签署《关于整合研发机构的合作协议》，在国内共同设立一个“整合研发机构”，在中国境内进行研发创新工作，由生产销售先锋产品合作拓展到技术开发领域，将进一步增强登海种业的竞争力。

(3) 资本运作拓展营销　登海种业通过资本运作控股营销特长型公司，实现营销渠道拓展。2011年前仅有登海先锋、登海良玉2家子公司，之后通过新设和股权收购等方式，累计投资3.4亿元，已拥有子公司26个。子公司多是销售型企业，经营的品种由母公司提供，专注于市场开拓和售后服务，占领区域市场。

(4) 积极争取政府、金融机构支持　登海种业公司是国内改革开放以来的第一家民营种子企业，发展初期，得到国家财政支持有限。然而企业的发展尤其是种业的研发需要大量的资金投入，在登海种业自已选育推广第一个玉米新品种的起步阶段，中国农业银行莱州市支行发放贷款500万元流动资金，助力品种市场化运作，成为登海种业三十多年来的战略合作伙伴。在此期间，中国农业银行先后帮助登海种业提供信用证、银行贷款、协助企业上市等金融服务，使得登海种业有了充足的资金和融资渠道，得以持续人才引进、科研育种、技术研究和新品种市场开发。

登海种业先后承担国家级和省级的研发项目，多次获得国家财政专项补助资金，助其玉米新品种选育与产业化开发，促进企业不断发展壮大。

3. 丰乐种业

合肥丰乐种业股份有限公司于1992年成立，1997年公司改制上市，成为中国种子行业第一家上市公司，被誉为“中国种业第一股”，注册资本2.99亿元。丰乐种业是以种业为主导，跨地区、跨行业的综合性企业，是农业产业化国家重点龙头企业、安徽省高新技术企业、ISO 9001国际质量体系认证企业。丰乐种业属国有控股企业，从最初合肥市种子公司发展到国内农业产业化龙头企业，期间经历过起起伏伏、辉煌与低谷，至今仍在种业中占有一席之地，有其特有的成功之道。

(1) 紧跟市场，善于改革创新，敢当行业先驱　丰乐种业的前身是合肥市种子公司，属事业单位。在当时全国种子市场还没有完全放开的情况下，丰乐种业人敏锐地抓住种子市场的新变化，积极探索西瓜、蔬菜种子的品种培育、生产、销售，率先开辟了中国种子商品市场。主动对公司改制转企，率先注册商标，进行市场化经营、出口贸易等，抓住机会适时登陆资本市场成为“中国种业第一股”。丰乐种业是全国最早形成的以科研、生产、加工、销售、贸易为一体的跨地区、跨行业的种子企业，在全国种业界实现了“四个率先”，即率先走向市场、率先企业办科研、率先走出国门、率先改制上市，成为中国种业企业发展的标杆。

（2）发展多元化，创新增长　丰乐种业通过实施多元发展战略，创新增长，为主营业务寻找利润支撑。坚持以做强种业为核心，勇于开发农化和香料产业（现已经成为公司的两大骨干支撑产业），凝成产业集群，成为跨地区、跨行业的综合性集团。丰乐农化成立于1998年，曾经是丰乐种业的一个配套服务项目，经过多年改革创新发展，丰乐农化已经成为公司支柱产业之一，是全国旱地除草剂领军品牌，是国家农药生产骨干企业、高新技术企业、安徽省创新型企业。丰乐种业利用业务优势，提出“种药肥一体化”战略，不断壮大农药业务；通过并购涉足肥料行业，实现外延式发展，延伸产业链，构建“种业+农化”业务产生协同模式，提升产业链附加值，在全国种业市场低迷之时，仍能保持业绩增长（图1-13）。香料是公司的另一支柱产业，丰乐香料是中国最大的天然薄荷香料生产企业，被誉为“亚洲之香”。近几年，在香料市场萎缩大趋势下，仍能保持每年2亿～4亿元的营收，支撑了公司业绩。2018年丰乐种业资产规模达到6.8亿元，拥有31家全资、控股及参股子公司，159家连锁经营店，规模与综合实力不断扩大增强。

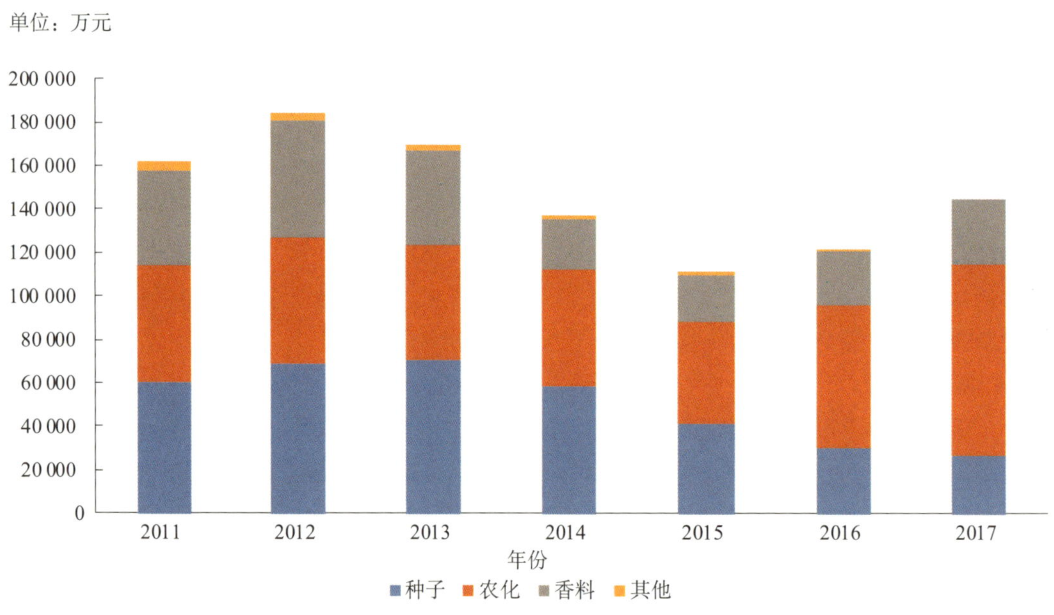

图1-13　丰乐种业分产品营业收入情况
（数据来源：丰乐种业年报）

（3）创新机制，建立现代企业管理制度体系　作为国内种子企业最早的上市公司，丰乐种业限于其曾经的事业单位属性，在一些具体的管理措施和员工的观念意识方面，存在不少局限性和僵化思想。丰乐种业针对国企用人和薪酬弊端，开创了“干部能上能下、员工能进能出、收入能增能减”的新机制，为企业注入了新活力，为发展打下了坚实的人才基础。率先导入卓越绩效模式，开创了农业企业的标准化管理的先河，实现标准化管理。丰乐种业出台完整的内控管理体系，涵盖质量管理体系、培训管理体系、环境管理体系、商品售后服务评价体系、职业健康安全管理体系五大板块，集成现代管理制度体系。

（4）企业发展得到政府扶持　丰乐种业之所以成为“中国种业第一股”，是因为它诞生之初受到政府的大力扶持。企业上市之初，更受到国家的关注，并被农业部等八部委评定为第一批农业产业化国家级重点龙头企业，被认定为国家高新技术企业、行业首批国家企业技术中心、农业部首批育繁推一体化企业；入选农业部科技扶持的优势企业，享受国家的相关产业扶持政策。

丰乐种业的发展受惠于当地政府的重视和扶持。2003年企业因证券违规，受到中国证监会处罚，企业在资本市场、产业市场均受到重挫。在丰乐种业面临多种问题的危难之时，合肥市委、市政府调整了丰乐种业的领导班子，协助其重新振作。经过多年的调整，丰乐种业重整旗鼓，被安徽省科委认定为高新技术企业、安徽省自主创新品牌示范企业、安徽省创新型企业、安徽省产学研联合示范企业等，成为安徽省的农业产业化龙头企业。

企业的发展同样离不开良好的政策环境。安徽省是我国农业大省之一，配合国家政策，安徽省政府出台了一系列利于农业企业发展的相关政策，《关于安徽省农业产业化“121强龙工程”的实施意见》（2005年）、《关于实施农业产业化“532”提升行动的意见》（2008年）、《安徽省农业产业化“671”转型倍增计划实施方案》（2011年）、《关于推进农业产业化“四大集中区”建设的实施方案》（2012年）、《安徽省人民政府关于扶持农业产业化龙头企业发展的意见》（2013年）等，在龙头企业评定、项目贷款、融资担保、财政贴息、用地、用电、出口补贴、税收、减负等方面加大对龙头企业的扶持，搭建招商引资及合作开放平台，为农业产业化发展注入动力。安徽省政府高度重视种业的发展，2016年成立了安徽现代种业基金，致力于扶持本省种子企业发展；积极打造合肥市作为“种业之都”，连续出台了《关于鼓励和引导社会资本投资发展现代农业的意见》《关于深化种业体制改革加快种业发展的实施意见》，明确提出加快种业发展，并将现代种业作为引导社会资本投资发展现代农业的八大重点领域之一；《2016年合肥市促进自主创新政策》鼓励专利质押贷款融资的相关规定，支持企业以专利质押贷款的方式融资，对企业贷款达到1 500万元以上的，给予企业贷款利息和专利评估费50万元一次性补贴等相关利好政策等。良好的产业政策环境，为企业的快速发展壮大提供活力。

第二章　河南省种业

进入新时代，河南省委、省政府及种业人牢记习近平总书记关于“给农业插上科技的翅膀”和“要下决心把我国种业搞上去，抓紧培育具有自主知识产权的优良品种，从源头上保障国家粮食安全”的指示，认真贯彻落实党中央、国务院关于加快种业强国建设精神，按照省委、省政府关于加强种业强省的要求，面向世界种业前沿，面向现代农业生产主战场，高举引领农业绿色高质量发展大旗，担当创新驱动农业发展先导大任，勇做推进农业供给侧结构性改革的先锋，着力提升现代种业核心竞争力，着力强化种子企业主体地位，着力优化种子供给质量结构，着力构建现代种业治理能力，衡量种业发展水平的系列指标出现可喜变化，现代种业发展迈出新步伐，种业强省建设取得新进展。

一、种业政策

《种子法》确定了种子资源保护、新品种保护、生产经营许可、生产经营档案、标签真实性、种子检疫、种子储备、转基因安全评价等法律规范。

2011年，国务院印发《关于加快推进现代农作物种业发展的意见》（国发〔2011〕8号），河南省政府认真贯彻落实，印发《关于加快推进现代农作物种业发展的实施意见》（豫政办〔2011〕127号，本段简称《实施意见》）。《实施意见》明确了发展目标：“按照‘坚持自主创新、坚持企业主体地位、坚持扶优扶强、坚持产学研相结合、坚持依法监管’的基本原则，到2015年，全省打造3～5家种子企业集团，农作物良种覆盖率达到96%以上，种子对农业科技进步贡献率达到50%以上。到2020年，形成科研分工合理、产学研相结合、资源集中、运行高效的育种新机制，着力培育10～15个具有重大应用前景和自主知识产权的突破性优良品种，继续保持我省主要农作物育种创新水平国内领先地位；建成稳固的海南、西北和省内标准化农作物良种繁育基地，为确保育种、制种、供种安全创造条件；打造5～10家育繁推一体化现代农作物种业集团；健全职责明确、保障到位、手段先进、监管有力的种子管理体系；主要农作物良种覆盖率达到98%以上，种子对农业科技进步贡献率达到60%以上，为全省农业综合生产能力不断提高提供有力支撑。”《实施意见》着重强调四大能力建设：“加强农作物育种科技创新能力建设、加强种子企业竞争能力建设、加强种子基地生产能力建设、加强种子监管能力建设。"《实施意见》的政策措施："强化种子生产扶持政策、加大财税政策支持力度、科学制定规划和完善制度、加强省级种子储备调控、加快种业人才队伍培养"；强化了组织保障："加强组织领导、强化种子市场监管、发挥种子行业协会自律作用"。

2013年，国务院办公厅印发《关于深化种业体制改革提高创新能力的意见》（国办发〔2013〕109号），河南省政府认真贯彻落实，印发《关于深化种业体制改革提高创新能力的实施意见》（豫政办〔2014〕186号，本段简称《实施意见》）。《实施意见》明确构建商业化育种体系："发挥市场在种业资源配置中的决定性作用，坚持企业在技术创新中的主体地位，全面深化改革，推动育种人才、技术、资源等创新要素依法向种子企业流动，提高企业自主创新能力，加快构建科学设计、专业分工、产业衔接、集约运行的商业化育种体系。"《实施意见》提出："保护科研人员发明创造的合法权益，充分调动科研人员积极性，促进产学研相结合，加速科技成果转化。在重点作物育种、育种核心技术、构建产学研联合攻关新模式、建立多元投入新机制等方面实现新突破，持续提升种子科技创新能力，加快推进现代种业发展，为高产优质高效生态安全的现代农业建设提供科技支撑。"

为进一步深化种业体制改革，加快构建商业化育种创新体系，2016年河南省政府印发《河南省加快转变农业发展方式实施方案》（豫政〔2016〕2号，以下简称《实施方案》）。《实施方案》提出深化种业体制改革，加快构建商业化育种创新体系："落实种业科技成果完成人分享制度，建立健全种业科技资源、人才向企业流动机制，到2020年做大做强3 ~ 5家选育生产经营一体化种子企业。财政科研经费加大对种质资源挖掘、育种材料创新、常规作物育种等基础性公益性研究的投入。设立科技创新驱动基金，鼓励以企业为主体、院校参与和科研机构共同承担或通过并购、参股等方式参与重大农业科技创新项目。到2018年初步建成以企业为主体的商业化育种创新体系。加强种业基础条件建设，重点加强种质资源体系、植物新品种测试体系和品种区域试验体系建设，加大种质资源保护力度，完善植物品种数据库。积极推进海南玉米育种、西北玉米棉花制种基地建设，完善一批标准化小麦种子繁育基地。"

为加速提升种业研发能力建设，2017年河南省政府印发《河南省"十三五"现代农业发展规划》（豫政办〔2017〕23号，以下简称《发展规划》）。《发展规划》提出："加速种业研究和推广。加强种业基础性公益性研究。加强育种理论方法和技术、分子生物技术、良种繁育技术、良种高产栽培技术、品种检测技术等基础性、前沿性、公益性研究。建设省级农作物种质资源库和圃，大力开展种质资源保存和利用工作，实现种质资源依法向社会开放。构建以企业为主体的商业化育种体系，建立以育繁推一体化种业企业为主体、产学研紧密结合、技术创新有力的商业化育种新机制，支持10 ~ 20家有实力的种子企业建立科研机构和队伍，整合现有商业化育种力量和资源，使种业企业发展壮大为商业化育种的主力军。加强种子生产基地建设，建立政府支持、种子企业参与、商业化运作的种子生产风险分散机制，改善生产条件，建设现代化种子加工中心和配送体系，提高种子生产、加工能力和服务水平。加强品种试验、测试、审定体系建设，强化种子市场监管手段，健全种子例行监测机制，健全种子市场调控体系。”

为加快提升河南省种养业的核心竞争力，打造种业高地，2017年11月河南省政府办公厅印发《河南省高效种养业转型升级行动方案（2017—2020年）》（豫政办〔2017〕144号，以下简称《行动方案》）。《行动方案》实施打造种业高地：“抓住郑洛新国家自主创新示范区建设机遇，加快推进河南省生物育种中心建设，吸引全球育种资源、育种人才、育种平台集聚，加强种质资源创新、分子育种等先进技术研究和应用，开展技术协同创新，突破一批制约‘四优’发展的重大科技瓶颈，加快提升我省种养业的核心竞争力，打造种业高地。”《行动方案》实施现代种业工程：“加强种业基础性、公益性科研平台建设，支持一批育繁推一体化种业企业建立育种实验室，到2020年，力争建设20个育繁推一体化种业企业育种研发实验室。”《行动方案》实施种业自主创新重大工程：“支持科研单位和育种企业加快选育、引进、推广一批强筋、弱筋小麦新品种，高油、高油酸花生新品种，优良果树砧木、无病毒苗木和名特优稀水果、蔬菜、食用菌、茶叶新品种。”《行动方案》实施抓好全省400万亩*小麦繁育基地和海南南繁基地建设，整建制推进焦作市优质小麦育种基地建设，强化20个高油酸花生良种繁育基地建设，提高良种供应能力和水平；加强果树良种苗木繁育、蔬菜集约化育苗、无性系茶树良种繁育基地建设，加快优良苗木推广步伐。

二、主要成效

（一）权益改革激发创新活力

种业权益改革取得效果。河南省贯彻落实国办发〔2013〕109号和豫政办〔2014〕186号文件以来，截至2018年年底，种业领域权益改革推开，科研院所和高等院校覆盖了所有作物类型和成果类型。四年来，400多项种业科研成果得到了确权，成果交易100多件，一批重要种业科研成果得到迅速转化，一批科研人员通过创新劳动富了起来。种业权益制度改革创新激发了蕴藏在种业科研人员中的巨大创新力，为河南种业核心竞争力持久提升奠定了良好的制度基础。

（二）种质创制、品种培育取得新突破

融入国家良种重大科技联合攻关体制机制取得成效。为加快构建具有中国特色的现代种业育种创新体系，2014年农业部联合科技部创建“水稻、小麦、玉米、大豆四大作物国家良种重大科技联合攻关”机制，搭建特异种质资源筛选鉴定重要功能基因性状发掘、分子辅助育种和检测、商业化育种、新品种测试推广四大攻关平台，河南省科研院校、种子企业和种业管理机构主动融入国家良种重大科技联合攻关体制机制，积极参与四大公关平台建设和公关活动，搭乘国家现代种业育种体系的快车，加快实现河南四大

* 亩为非法定计量单位，1亩=1/15公顷。——编者注

作物科研育种新突破。河南省农业科学院承担主持小麦良种联合攻关，省农业厅种子站配合小麦、水稻、玉米、大豆良种攻关承担田间试验示范。通过四年的联合攻关，2017年进入早期收获期：一是推出抗赤霉病及节水小麦品种25个；二是选拔出小麦抗赤霉病资源，对解决小麦赤霉病这一世界难题意义重大；三是完成小麦种质遗传多样性分析，搭建主要病害分子检测技术体系，加快推进小麦种业理论的突破。

（三）种业创新成果提档升级

2013—2017年种业创新成果明显提档升级，在育种方法与材料创制、新品种选育等方面涌现出一大批高水平成果：一是新增各类作物种质资源，鉴定出小麦抗赤霉病，玉米抗粗缩病、青枯病等有突出抗性的优异种质资源；二是BNS型杂交小麦亲本创育、组合配制和规模化高效制种等关键技术取得新突破；三是2017年申请品种保护和专利数量分别达到342件和70件，较2016年申请量增加153件；四是创制高油酸花生种质开选01-6，培育出高油酸花生品种12个；五是99个品种通过国家、省两级审定，绿色专用品种数量大幅度增加。

（四）供种保障能力显著增强

1. 种子基地建设取得进展

（1）河南省南繁育种基地建设取得阶段性成果　一是完成南繁用地租期30年、面积795.58亩的土地流转，进一步规范完善南繁用地体制机制；二是南繁种子基地的基础设施主体要件建成，基本能够达到种植要求；三是建设临时办公场所、安装集装箱式用房20间，解决基地内工作人员和入驻企业科研人员的工作生活简要需求；四是已争取国家南繁管理局把河南省省级南繁基地列入保护区和核心区。

（2）种子基地产能水平提高　完善和新建各类农作物种子基地500万亩，实现年产种子能力20亿千克，其中小麦繁种基地400万亩，年产加工商品种子16亿千克。河南省内骨干种子企业在甘肃合资建设了杂交玉米制种基地，支撑全省制种基本需求。

2. 种子生产加工技术水平大幅提高

（1）小麦、玉米等主要作物繁（制）种机械化率达到100%　较大规模骨干种子企业的种子加工装备达到国际先进水平，玉米、小麦等主要农作物种子加工能力与技术水平完全能够满足农业生产用种需求。全自动种子计量包装设备、低损精细加工、规模化绿色柔性生产、成套装备快速清理，全过程质量管理与控制等高质量种子生产技术装备被骨干企业广泛应用。

（2）种子质量控制体系逐步完善　2017—2018年，绝大多数种子企业规范了种子标签，按照规定标注了信息代码，并且通过二维码实现了对种子质量和相关信息的全程可追溯。骨干及部分规模种子企业普遍建立起了较为严格的亲本提纯控制体系和较为完善的种子生产技术规程，种子生产过程质量控制水平不断提高。骨干企业参加了全国7个省份的11个企业的种子认证试点示范活动，企业质量意识增强，质量控制技术水平提高，所生产的种子质量普遍高于国家标准。规模以上种子企业多数已具备种子净度、发芽率、水分等项目的检测能力。骨干企业多数具备了开展品种纯度田间小区种植鉴定能力，一些企业具备了健康检测能力。

3. 农业生产用种得到有效保障

进入新时代，河南省在小麦、玉米、花生、大豆、常规水稻、棉花等大宗作物用种上，已经实现了自主选育品种为主导。2017年河南省自主选育的品种在生产面积上占比为：小麦83%、玉米61.7%、花生94.6%、大豆65.8%，做到了“中国粮”主用“中国种”。

2015—2017年，全省种子企业基于库存种子与保障供给有余地，在甘肃杂交玉米制种分别为34万亩产种126万千克、27万亩产种107万千克和21.8万亩产种86.8万千克；小麦繁种面积稳定在400万亩，产种160 000万千克，供给周边省份50 000万千克；花生年制种面积稳定在25.2万亩，产种4 532万千克；常规水稻年制种面积稳定在2万亩左右，产种990万千克；大豆年均制种面积约11万亩，产种约2 000万千克。除杂交水稻外，其他各类作物种子有效供给量均大幅超过当年的商品种子需求总量，经农业部、省农业厅抽查种子样品合格率为98%以上。

（五）企业综合竞争力稳定增强

1. 企业总体实力增强

截至2017年年底，河南省持有效经营许可证的企业数量为464家。近年来，河南省种子企业的总资产、净资产和固定资产维持增长，分别达到107.75亿元、80.25亿元和41.62亿元。2017年全省种子企业总资产107.75亿元，比去年增加1.8亿元。其中总资产2亿元以上（含）的企业6家，1亿元以上（含）的企业17家；净资产2亿元以上（含）的企业4家，1亿元以上（含）的企业11家；固定资产1亿元以上（含）的企业4家，5 000万元以上（含）的企业14家。

2017年企业种子销售总额72.9亿元，大、中、小企业（持部、省、市县三级经营许可证企业）分别实现种子销售收入9.75亿元、37.25亿元、25.9亿元，分别占种子销售总收入的13.37%、51.1%、35.53%。企业实现总利润5.07亿元，为种业进一步发展打下了坚实基础。

截至2017年年底，河南省种子企业共有4家登陆全国中小企业股份转让系统（又称“新三板”），他们是河南秋乐种业科技股份有限公司、河南德宏种业股份有限公司、河南金博士种业股份有限公司和中棉种业科技股份有限公司。

2. 种子企业结构优化

大型企业主业由生产经营小麦或玉米种子，走向科研生产销售一体化发展道路；中小企业向专业化发展，走名特优之路。2017年是新《种子法》实施开局之年，全省种子企业总数由409家增至464家，增加55家。其中偏重生产经营小麦种子的企业273家、偏重生产经营玉米种子的企业79家、偏重生产销售花生种子的企业47家，携带生产经营大豆种子的企业26家、携带生产经营棉花种子的企业12家，生产经营常规水稻种子的企业6家、生产经营其他种子的企业45家，纯销售型企业78家。

3. 创新主体地位持续增强

（1）企业科研人员占比提高　近年来，河南省种子企业科研人员的数量、素质大幅提升。2017年种子企业科研人员数量达到1 949人，占职工总人数的21.2%。企业科研人员中，除自有科研团队外，还聘用科研院所等单位科研人员226人。企业高学历人员、科研人员数量逐年增多。从事科研育种人员学历为：博士62人、占0.67%，硕士321人、占3.5%，本科2 169人、占23.65%，大专2 912人、占31.7%。

（2）企业科研投入强度加大　近年来，河南省种子企业不断加大科研投入，已成为科研投入的主导力量。2017年，全省种子企业科研投入合计2.82亿元，同比增加0.39亿元；科研投入占商品种子销售额的5.89%，同比提高0.39个百分点。部级颁证企业科研投入0.7亿元、占销售额的7.18%，省级颁证企业科研投入1.45亿元、占销售额的3.04%，市县级颁证企业科研投入0.57亿元、占销售额的2.2%。

（3）企业科技成果占比提升　近年来，河南省种子企业选育审定品种、申请品种保护、申请种业专利数量猛增，占比扩大。2017年，企业通过国家和省级审定品种合计38个、占比62.3%，比2013年提高3%。2017年，在公开的植物品种权申请主体中，企业居首位，申请量为181件、占53%，比2016年的62件增加119件、提高191%。

4. 良种推广主体地位巩固

（1）种子商品化率提高　近年来，种子企业在不断提高杂交作物品种的产量、质量、品质和抗性的同时，大力研发推广高产、优质、多抗的小麦、水稻、大豆、花生等常规作物种子，提高商品种子覆盖率，加速常规作物品种更新换代，匹配“四优四化”和农业转型升级发展用种需求。

（2）种子市场规模稳居全国第一　近年来，种子企业不断提升种子科技含量、加大新品种宣传推广力度、提升售后技术指导服务水平，市场种子供给保障、价格稳定，生产用种商品种子率稳健升高，种子市值迈上75亿元台阶。2017年全省主要农作物种子加权平均价格12.08元/千克，种子市值88.25亿元，其中小麦种子42.60亿元、杂交玉米种子23.87亿元、水稻种子4.89亿元、花生种子13.07亿元、棉花种子0.27亿元、大豆种子2.08亿元、油菜种子0.50亿元、马铃薯种子0.97亿元。

（3）种子产业链综合服务水平提高　2017年，种子企业主动适应农业供给侧构型改革和提质增效要求，不断优化种子供给结构与质量，以种子为核心，以“种子+”为手段，大力提升全种子链综合服务水平。通过组织500多个种子经销商开展针对性品种展示、线上线下技术培训和问题解答等方式，提供与种子产能相匹配的精细化产前、产中和产后技术服务，种子企业市场开拓意识、精准销售意识和综合服务意识逐步增强，进一步夯实了企业良种推广的主体地位，为种子企业发展开辟了新的巨大空间。

（六）现代种业治理能力建设成效显著

1. 种业发展生态法制环境大为改善

2016年全国人大常委会新修订的《种子法》生效实施。农业部依法修订了《主要农作物品种审定办法》《农作物种子生产经营许可管理办法》《农作物种子标签和使用说明管理办法》，发布了《非主要农作物品种登记办法》，启动了《农作物种子质量监督抽查管理办法》等一系列种子法的配套条例。河南省大力宣传贯彻落实种子法律法规，开展地方性法规的制定、修订工作，新时代种业法规体系进一步完善，种业的法治生态环境大为改善。全省种子管理机构依法管理、依法治种，开创了法治种业新局面，保障了种业健康发展。

2. 支持种业发展政策体系不断完善

近年来，国务院印发国发〔2011〕8号、国办发〔2012〕59号、国办发〔2013〕109号等重要文件，河南省政府贯彻落实并印发了豫政办〔2011〕127号、豫政办〔2014〕186号、豫政〔2016〕2号、豫政办〔2017〕23号、豫政办〔2017〕144号等省级重要文件。在各有关部门的鼎力支持下，种业权益改革全面铺开，部省两级种子工程项目建设力度持续加大。按照农业部《现代种业提升工程建设规划》要求，围绕作物种植资源改良创新、优良品种选育、种子生产加工能力和种子质量提高等，争取了一批国家种子工程项目，协调落实省级配套政策资金，完善提升了种业基础设施建设、育种创新能力建设和种子基地生产建设。坚持推进“放管服”改革，激发市场活力、增强内生动力、释放内需潜力，使得现代种业发展稳步推进。

3. 品种管理改革取得重大进展

2016—2017年，河南省持续加快品种管理改革创新，紧密配合农业部深入开展小麦、玉米、水稻、棉花四大作物联合攻关，初步构建了政、产、学、研结合的育种体系。改革品种审定制度，开通品种绿色通道和联合体试验，审定了一批绿色通道和联合体试验的品种，按照绿色发展要求，依据农业部的《主要农作物品种审定标准（国家级）》规定，分类评价绿色优质品种、高产稳产品种、特殊专用品种。实施主要农作物品种引种备案制度和非主要农作物品种登记制度，加快品种资源收集与鉴定，充分激发育种创新活力，有效推动全省新一轮品种更新换代。目前农作物良种覆盖率已达98%，品种对农业增产贡献率超过43%。

4. 种子市场秩序监管力度加大

进入新时代，按照农业部的顶层设计、统一部署，河南省重拳频出持续加大市场监管力度。积极配合执法检查，组织各地开展种子企业督查、春秋市场检查和种子生产基地检查等行动，重点抽查有违法记录的生产经营主体和问题品种。配合农业农村部建立省际联打工作机制，构建省内地市间联打工作机制，加大对交界区域未审定先推品种、制假售假、无证生产经营等问题的监察力度。在种子市场秩序严格监管高压态势下，品种侵权套牌案件、假劣种子案件逐年大幅减少，市场秩序明显好转，广大农民、品种权人和守法企业的合法权益得到了有效保障。

5. 种业公共服务更加周到贴心

2017年，种业公共服务工作取得重大突破。河南省积极配合农业部数字种业、大数据种业建设，把全省种业数据平台与农业部种业大数据平台联通，构建了全国种业数据大平台。平台涉及品种测试、试验、审定、保护、引种备案、种子生产经营许可备案事项的网上申请和信息发布查询等功能，信息采集范围涵盖全省400多家企业、4 000多个品种、2 000多家门店，种子管理部门可借助大数据平台对外发布农作物种子产供需等种子市场行情信息，指导新型经营主体和农民安全用种。利用种业大数据平台，可追溯体系基本建立，实现了信息互联互通、共享共用、来源可查、去向可追、责任可纠，为推进数字种业发展奠定了基础。

6. 种子管理体系得到加强

截至2017年年底，全省市、县两级种子管理服务机构数量为158个。农业主管部门对种子管理工作支持加强，2017年，种子管理体系经费总额1.096 2亿元，同比增长72%。其中地市级增长20%，县级增长极为显著，增长137%，人均业务经费达到2.4万元。同时，不断加大对种子管理人员的技术、法规、能力等培训力度，2017年各地共举办20多次种子执法、品种小区试验、品种测试、种子检验、种子信息培训班。经过培训，大幅提升了种子管理和公共服务规范化、科学化水平，有效维护了公平竞争的种子市场环境。

三、种业科技创新

（一）种业专利申请与授权

2014—2017年，河南省公开种业专利申请量分别为253件、249件、227件和352件，分别占全国公开种业专利申请量的5.09%、3.87%、3.46%和3.97%，占比呈逐年减少的趋势；种业专利授权量分别为243件、182件、160件和176件，分别占全国种业专利授权量的5.26%、4.86%、4.23%和5.14%（图2-1）。

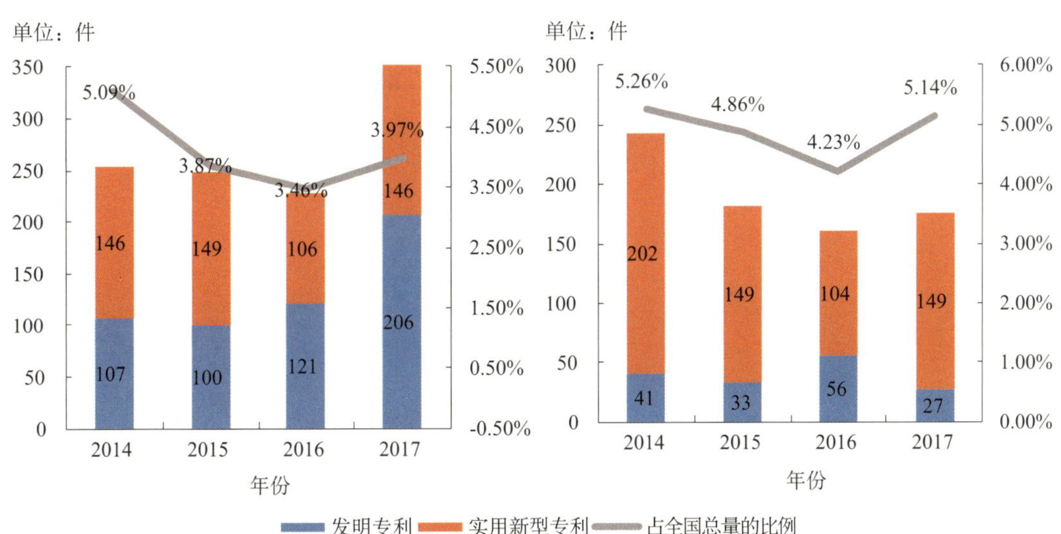

图2-1 2014—2017年河南省种业专利申请（左）、授权（右）量情况

（数据来源：全国农业技术推广服务中心，河南省种子管理站）

说明：本书中河南省种业数据均来自河南省种子管理站，无特殊来源不再标注。

从全国各省（自治区、直辖市）种业专利申请与授权分布来看，河南省种业专利的申请与授权量跻身全国前10位（图2-2）。2017年种业专利申请与授权分别排名全国第7位和第5位。其中专利申请数量在安徽、江苏、山东、广西、浙江、北京之后，专利授权数量在江苏、山东、浙江、黑龙江之后。在公开的种业专利申请中，企业占比43%；在获得授权专利中，科研教学单位占比40%。全国比较，河南省种业专利申请与授权排名相对靠后，较安徽、山东、江苏等省份有差距。

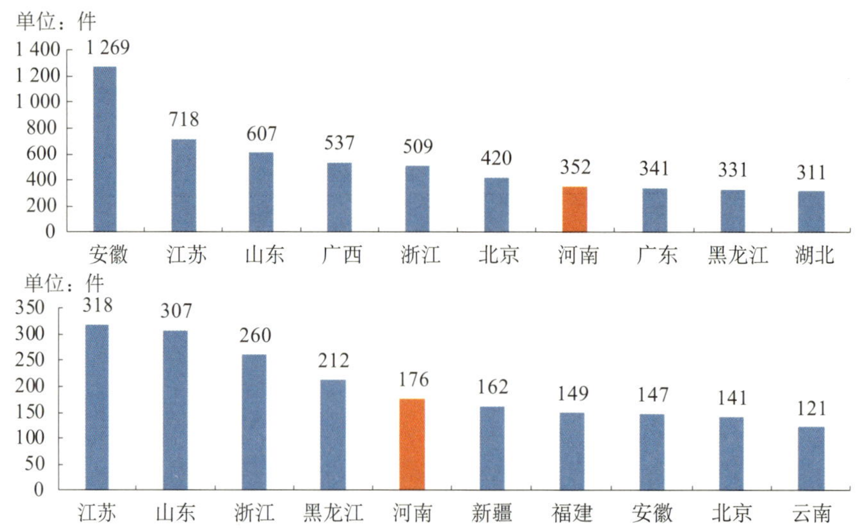

图2-2　2017年全国各省（自治区、直辖市）种业专利申请（上）及授权（下）分布
（数据来源：全国农业技术推广服务中心，河南省种子管理站）

（二）植物新品种权保护

河南省科研、教学和种子企业对植物新品种权保护越来越重视，2013—2017年间，全省植物新品种权申请与授权量逐年增长。2017年植物新品种权的申请与授权量分别为342件和70件，占全国总量的8.90%和4.71%，其中申请量比2016年增加153件（图2-3）。

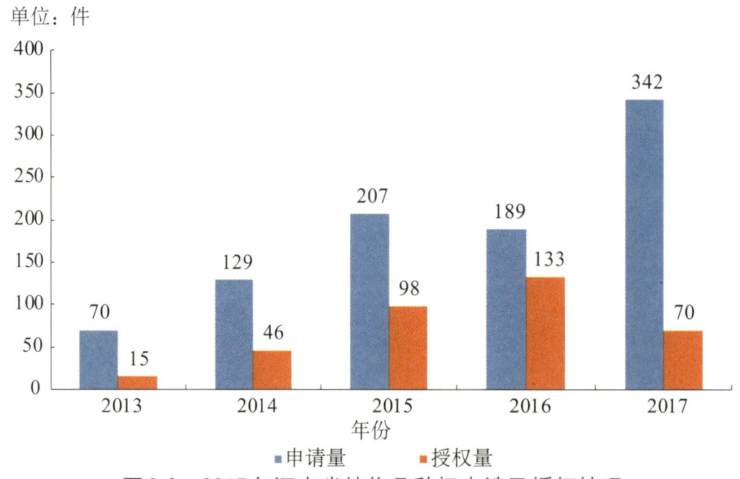

图2-3　2017年河南省植物品种权申请及授权情况

据全国品种权申请与授权统计分析，2017年河南省品种权申请量在全国排名第2位，体现农作物科研育种单位多、人员队伍大、育种成果多；品种权授权量排名第6位，说明育种优良特异性、突破性成果少，同质化重，成果质量还有待提升（图2-4）。

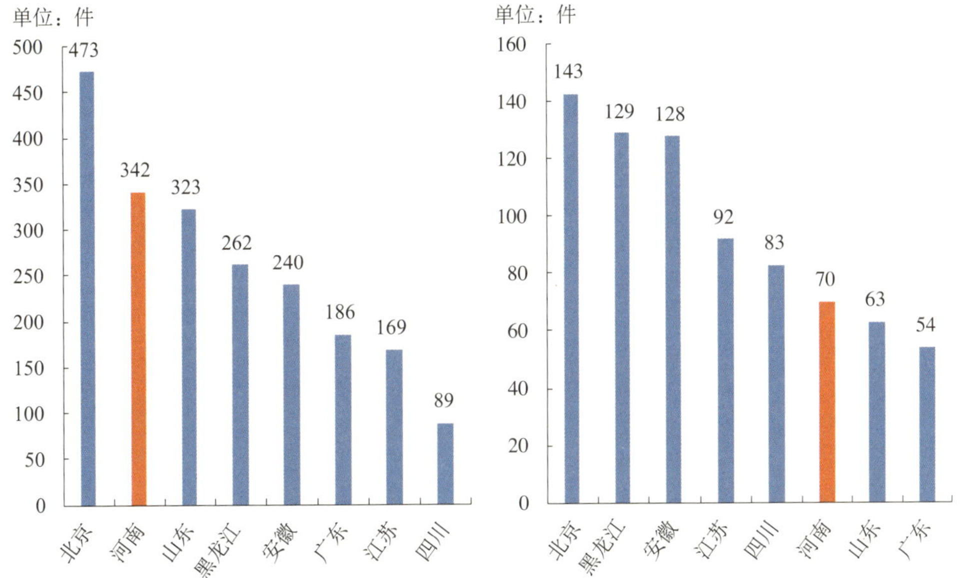

图2-4　2017年河南省植物品种权申请（左）与授权量（右）在全国的排名
（数据来源：全国农业技术推广服务中心）

（三）审定品种

2013—2017年，主要农作物小麦、玉米、水稻、大豆、棉花等育成品种通过国家、省级审定数量呈上升趋势。2013年通过国家、省级审定品种总计67个，2017年总计99个，年复合增长率达10.25%。其中通过省审品种多于国审，2017年通过国审的品种达到47个，较往年的10多个国审品种的数量大幅增长，与省审品种52个数量接近（图2-5）。

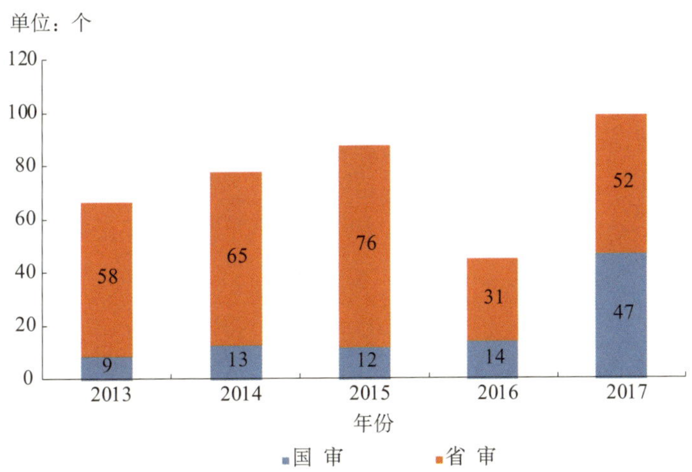

图2-5　2013—2017年河南省主要农作物品种审定数量情况
（2016年河南省品种审定委员会没有审定小麦和油菜品种）

企业重视小麦、玉米育种。从2017年农作物育种通过审定的品种分类来看，小麦和玉米的审定数量占85%左右。其中国审玉米品种占比68%、小麦品种占比17%；省审小麦品种占比50%、玉米品种占比34%（图2-6）。

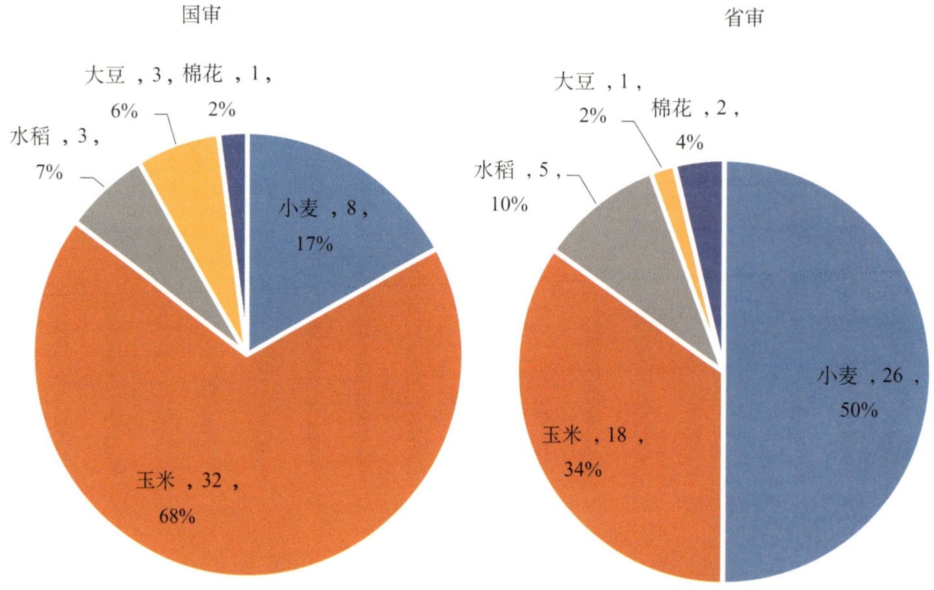

图2-6 2017年河南省主要农作物分品种审定情况

企业成为小麦、玉米育种主体。从报审品种主体来看，以企业为主体的审定数量占比50%以上（图2-7），企业已成为小麦、玉米商业化育种的主要力量，但其中科研院所的人才、技术、资源要素成分较大。以企业为主的商业化育种主要集中在玉米、小麦作物，审定品种数量远高于水稻、大豆、油菜和棉花等作物品种，由市场价值利益驱动力所致。

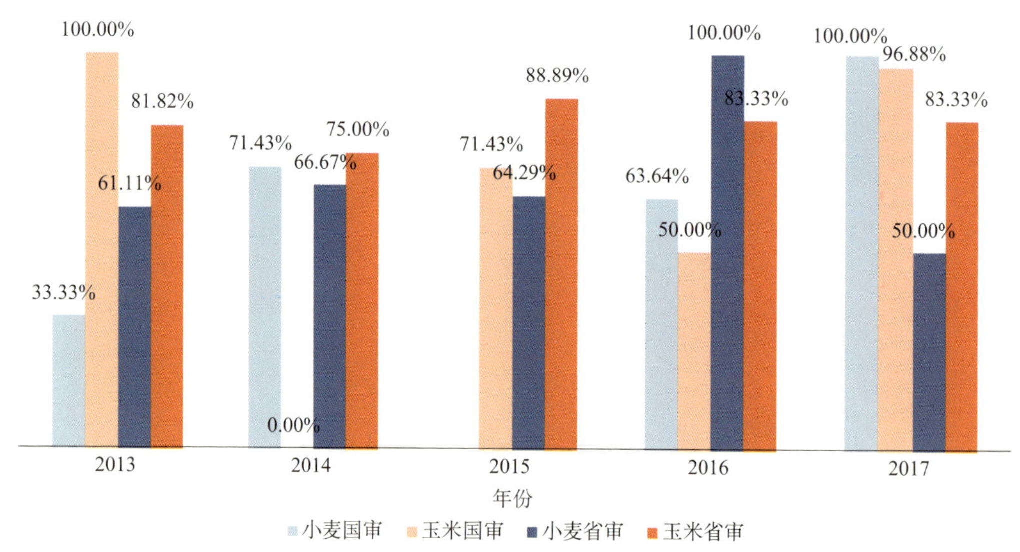

图2-7 2013—2017年河南省玉米和小麦品种审定以企业为主体的比例

（四）登记品种

2017年5月1日起，非主要农作物品种登记制度正式实施。截至2017年12月30日，河南省登记公告品种92个，占全国总量的6.44%，其中马铃薯2个、油菜2个、花生16个、辣椒32个、西瓜30个、甜瓜10个。

（五）突破性的大品种

河南省主要农作物育成的品种经全国推广筛选，获得国家科学进步奖的大品种皆出自农业科研单位和大专院校。全省现有各类农业科研院所63家、农业院校24所。其中河南省农业科学院、河南农业大学、河南科技学院、周口市农业科学院等是全省农业科研创新、良种培育的骨干力量，选育的小麦品种郑麦9023、矮抗58和玉米品种郑单958、浚单20等，先后荣获国家科技进步一等奖，种植面积连续多年居全国前列。种质创制的小麦豫麦49-198、郑麦366和玉米豫宗5号、黄金群等应用，其科研成果先后获得国家科技进步二等奖。地市级农业科学院（所）中，新乡市农业科学院、洛阳市农业科学院、鹤壁市农业科学院等为代表的科研单位在小麦、玉米等农作物新品种研究方面优势明显突出，育成的小麦品种周麦、新麦、洛试和玉米浚单系列品种在河南省乃至全国均占有一席之地；开封市农业科学院在高油酸花生、西瓜种质资源创制与优良品种培育方面位居全国重要位次。

玉米品种郑单958由河南省农业科学院育成，2001年先后通过山东、河南、河北三省和国家审定，并被农业部定为重点推广品种，在2003—2004年期间成为中国种业界跃出的一匹黑马。2001年，郑单958在我国的种植面积只有339万亩，到2002年就猛增到1 324万亩，之后更是一路飙升，2003年2 135万亩、2004年4 300万亩、2005年5 400万亩、2006年5 895万亩，2007、2008连续两年更是每年都超过6 000万亩，占全国当年玉米播种面积近30%；2017年，郑单958种植面积为3 441万亩，仍是我国玉米第一大品种。全国已累计推广5亿多亩，推广20余年仍位居全国玉米种植面积第1位，至今没有品种可取代其地位。

玉米浚单20品种由河南省浚县农业科学研究所育成，2003年通过国家审定，10余年位居全国推广面积第2位、第3位，2017年仍位居第5位。

四、种子生产与推广

（一）主要农作物种子生产状况

河南省农作物种子生产是指省内种子企业在全国进行的繁（制）种生产。主要农作物种子生产包括小麦、玉米、水稻、大豆、棉花、油菜、花生、马铃薯的种子繁（制）生产。近5年，上述8种农作物繁（制）种面积保持在500万亩左右，生产种子20亿千克左右，满足省内生产用种的同时，小麦、玉米、花生等作物种子还外调至其他省份，供给当地农业生产。

1. 小麦种子

河南省是全国小麦生产大省强省，也是小麦种子繁殖生产大省强省，繁种面积保持在400多万亩，生产种子19亿多千克（图2-8），产量占全国小麦种子总量近40%。

近几年，黄淮海地区恶劣气象因子频发，小麦生育期间发生冬季低温冻害、春季倒春寒、干旱、病虫害、倒伏、高温和干热风等灾害。如2016年，因小麦整个生育期先后遭遇冻害、局部赤霉病暴发流行，成熟收获期遭遇大风、冰雹、短时强降雨或多天连降雨等多种自然灾害，部分繁种田报废或大幅减产，种子产量较2015年大幅减少，减少了14.15%；2013年生长期遭遇晚霜冻害，造成结实性差、穗粒数减少，小麦种子单产大幅降低。自然灾害等对全省小麦种子生产不利，造成小麦种子产量、质量不稳定，为农业生产和农民增收造成不可挽回的损害。

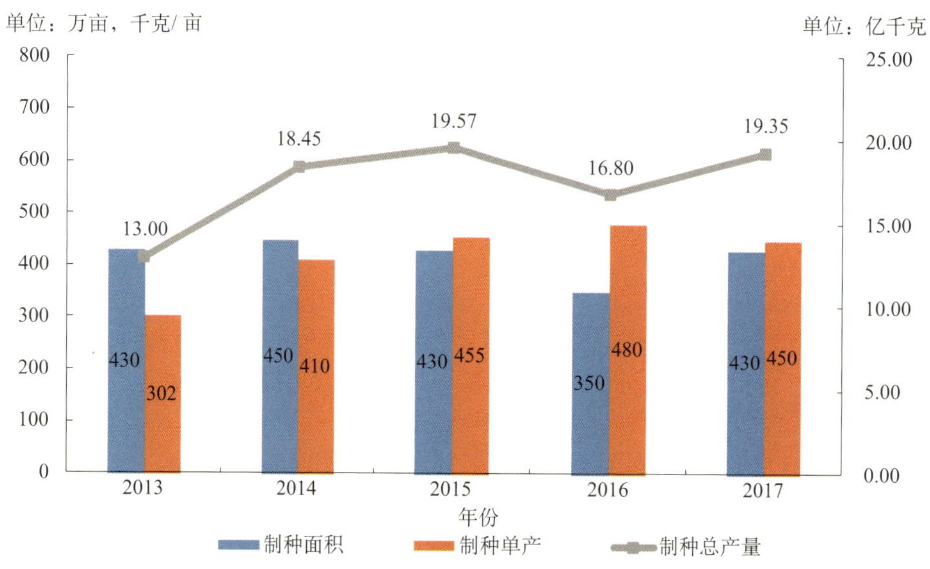

图2-8　2013—2017年河南省小麦制种面积、单产及制种总产量变动情况

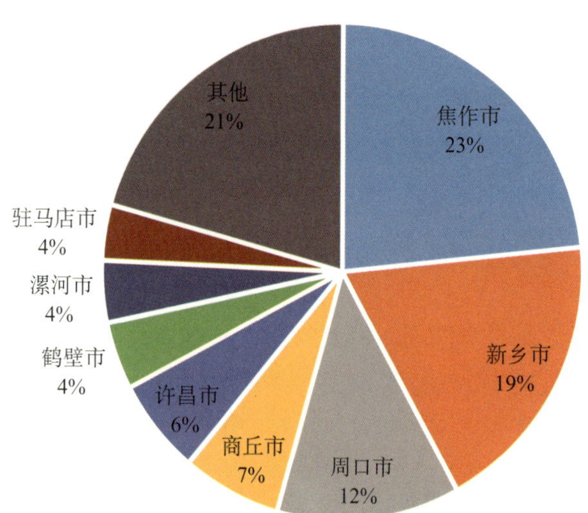

图2-9　2017年河南省分地区小麦制种面积情况

从制种地区分布来看，河南省小麦制种主要集中在焦作、新乡和周口等地市，这三个地区小麦制种面积约占全省小麦制种总面积的54%（图2-9）。生产繁殖主要品种有：百农207、周麦27、郑麦7698、百农矮抗58、郑麦583、周麦22、新麦26、先麦10号、豫农416、丰德存1号、丰德存5号等。

2. 杂交玉米种子

河南省农业耕作是一年两熟制，省内夏季杂交玉米制种存在病害重、授粉时期高温易致结实率低、灌浆期短等问题，导致产量低、商品性差，气象条件不适宜杂交玉米制种。省内种子企业多在甘肃、新疆等地建立制种基地或委托当地制种企业代制种子。

受国内玉米种子市场品种多且同质化严重、套牌侵权违规销售多、种子基地违规私繁乱制多和价格竞争激烈等因素影响，国内玉米种子企业普遍面临高库存的压力。近年来，河南省玉米种子企业逐渐缩减玉米制种面积，到2017年，玉米制种面积为21.8万亩，较2013年的35.0万亩减少37.71%，制种总量由2013年的1.47亿千克缩减至2017年的0.9亿千克（图2-10）。生产制种的主要品种有：郑单958、伟科702、浚单20、浚单29、豫禾988、滑玉168、洛玉7号、金赛29等。

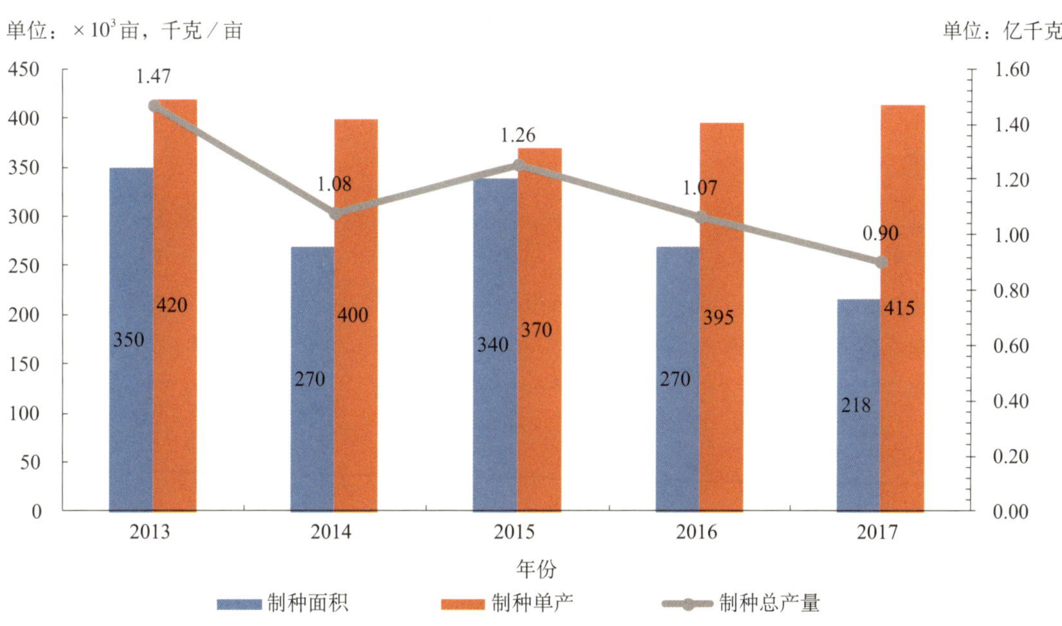

图2-10　2013—2017年河南省玉米制种面积、单产及制种总产量变动情况

3. 花生种子

河南省是全国花生生产第一大省，近年来种植面积仅次于小麦、玉米，当属第三大主要农作物，也是油料第一大作物。花生生产受种植结构调整、良种补贴政策和市场效益驱动，种植面积扩大、种子商品化率提高。2017年花生繁种面积25.2万亩，平均单产250千克／亩，产种4 532万千克（图2-11）。生产繁殖的主要品种有：远杂9102、远杂9307、宛花2号、豫花9326、商花5号、豫花23、豫花15、豫花22、运杂6号、开农61、周花2号、驻花1号、漯花2016、濮花28等。

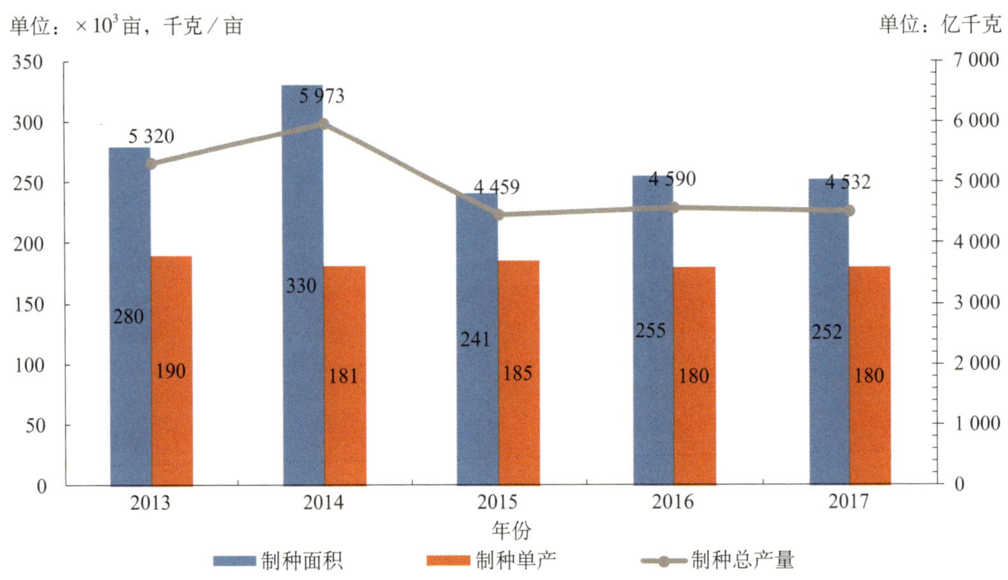

图2-11　2013—2017年河南省花生制种面积、单产及制种总产量变动情况

4. 其他农作物种子

河南省杂交水稻、常规稻、大豆、棉花、油菜种植面积较小，用种量少，市场规模小，繁（制）种面积少。

河南省没有杂交水稻制种。因为种植面积小、市场规模小、气候不适等因素，没有孕育生产经营杂交水稻企业的客观条件。杂交水稻种植生产用种依赖省外种子企业调入供给。

常规稻种子制种面积2万亩左右，约占全国总面积的1%；繁殖种子能力500千克/亩以上，年产种子量900多万千克。生产繁殖的主要品种有：新丰2号、方欣1号、豫农粳6号、豫粳6号、宛粳096、新稻22等。

大豆繁殖种子面积约12万亩，约占全国总面积的3%；繁殖种子能力160千克/亩，年产种子量1 900多万千克。2016年以后，大豆的制种面积和单产水平明显下滑。生产繁殖的主要品种有：郑196、周豆18、郑豆0689、周豆19、郑豆89013、商豆21、许豆8号等。

油菜年均制种面积约0.25万亩，约占全国总面积的1.5%；制种水平约160千克/亩，年均供种量约38万千克。

（二）农作物种子使用状况

河南省良种推广工作效果显著，在“十一五”期间主要农作物良种覆盖率接近100%，其中优质粮食品种种植面积占粮食种植面积的70%以上（小麦、玉米、水稻的优质化率分别为71%、82%和94%），到2018年，全省主要农作物良种基本实现全覆盖，农业科技进步贡献率达到59.1%，高于全国56%的平均水平。

2017年，全省主要农作物小麦、玉米、水稻、大豆、棉花、油菜、花生种植用种商品化率加权平均值86.89%，商品种子使用总量124 905万千克。

1. 种子使用总量

农业生产使用种子量的多少，由种植面积、种子质量、品种特性等多种因素决定，其中种植面积的扩大与减小是用种量多少的直接因素之一，也是种子市场供给变化的直接因素之一。

（1）主要作物种植面积　河南省积极推进农产品供给侧结构性改革，促进经济健康发展，坚持粮食与经济作物生产面积稳定、增减原则，调整农业生产结构。全省小麦、玉米、水稻、大豆、棉花、油菜和花生7种主要农作物用种面积保持在1.8亿亩左右。

随着种植结构调整的推进，稳定小麦生产面积，适度缩减玉米种植面积，扩大大豆、花生等经济作物种植面积。2017年，全省7种主要农作物种植面积1.78亿亩，比2016年减少355.60万亩，较2013年减少633.00万亩。河南省小麦种植面积8 700万亩，占全国小麦总面积的48.88%，由于小麦是国人口粮之一，党中央、国务院和河南省高度重视小麦粮食生产，面积稳定、年际间变化不大。玉米种植面积5 070万亩，占全国玉米总面积的28.49%，由于国家供给侧结构改革，种业结构调整，取消玉米临储收购补贴优惠政策，商品玉米价格连续走低，农民种植玉米相对收益下降，导致玉米种植总面积缩减明显，比2013年减少1 065万亩。花生种植面积2 074万亩，占全国花生总面积的11.65%，由于河南省农业结构调整，重点发展“四优四化”，扩大花生种植面积是其一，花生种植面积增长迅速，比2013年增长549万亩。水稻种植面积890万亩（杂交稻670万亩，常规稻220万亩），占全国水稻总面积的5.00%，由于全省水稻适宜种植区域较少，稻谷及其大米市场价格年际之间起伏波动较小，水稻种植面积基本稳定。大豆种植面积810万亩，占全国大豆总面积的4.55%，受中美贸易战影响，国内鼓励扩大大豆种植面积，全省大豆种植面积增长幅度较大，比2013年增长360万亩，增幅80%。油菜种植面积191万亩，占全国油菜总面积的1.07%。棉花用种面积63万亩（常规棉26万亩，杂交棉37万亩），占全国棉花总面积的0.35%，由于棉花种植费时、费工、投入大，种植面积逐年下降，全国内陆棉花种植面积大幅减少、新疆扩大。这7种作物中，玉米、小麦和花生占据全省总用种面积的89.02%（图2-12、图2-13）。

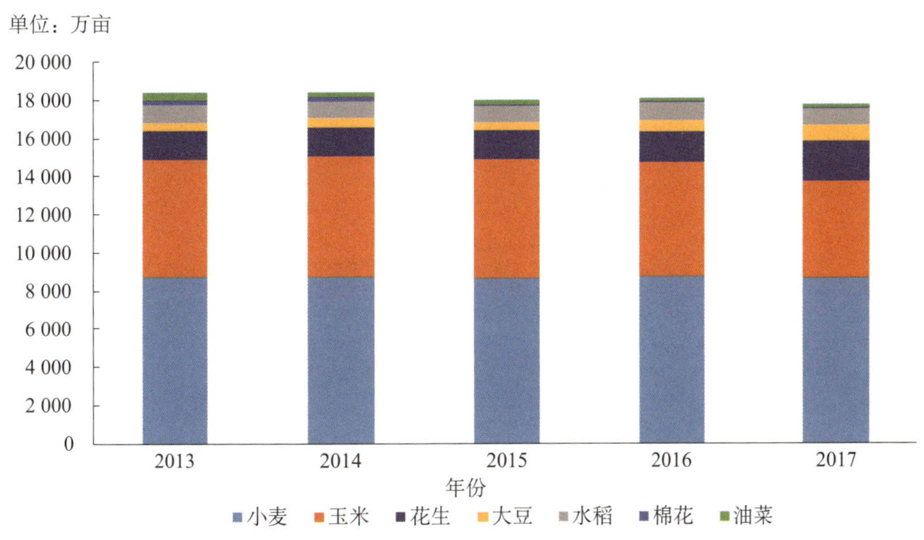

图2-12　2013—2017年河南省7种主要农作物用种面积变化

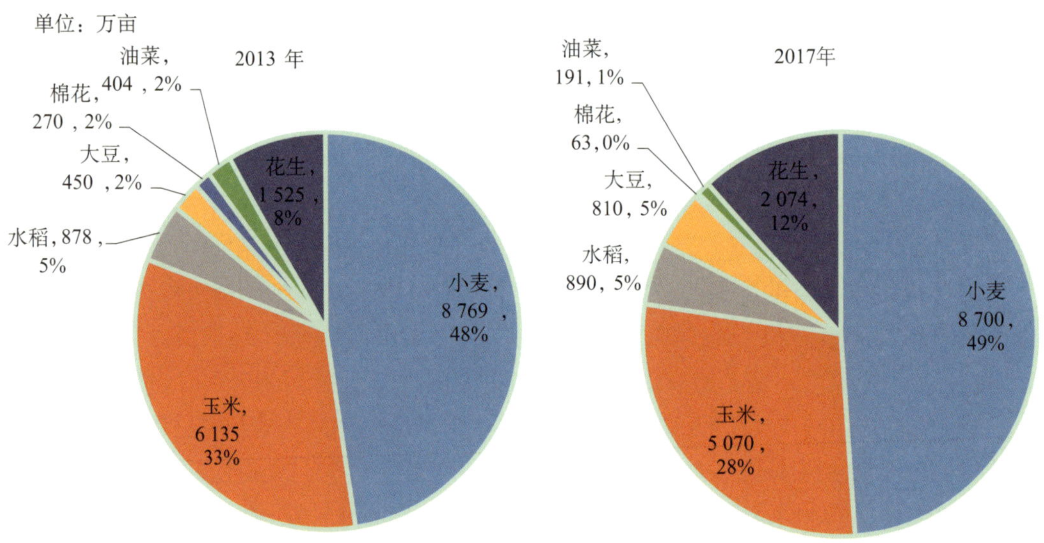

图2-13　2013、2017年河南省7种主要农作物用种面积占比

（2）亩用种量　近年来，河南省经济发展坚持质量第一、效益优先原则，推动农业经济发展质量变革、效率变革、动力变革，提高全要素生产率，扭转种植业向降成本、提效率、增效益方向发展。随着农民精良播种、降低成本、提高效益意识增强，播种机械工艺性能水平提高，种子质量提高，每亩用种呈精准减量趋势，但遇特殊年份，由于种子质量受气候影响较重，比正常年份种子发芽率与活力减弱削弱，每亩用种量会适度上浮。

小麦和花生亩用种量呈逐年减少的趋势，2017年小麦亩用种量12.5千克/亩，花生亩用种量15.0千克/亩（图2-14）。

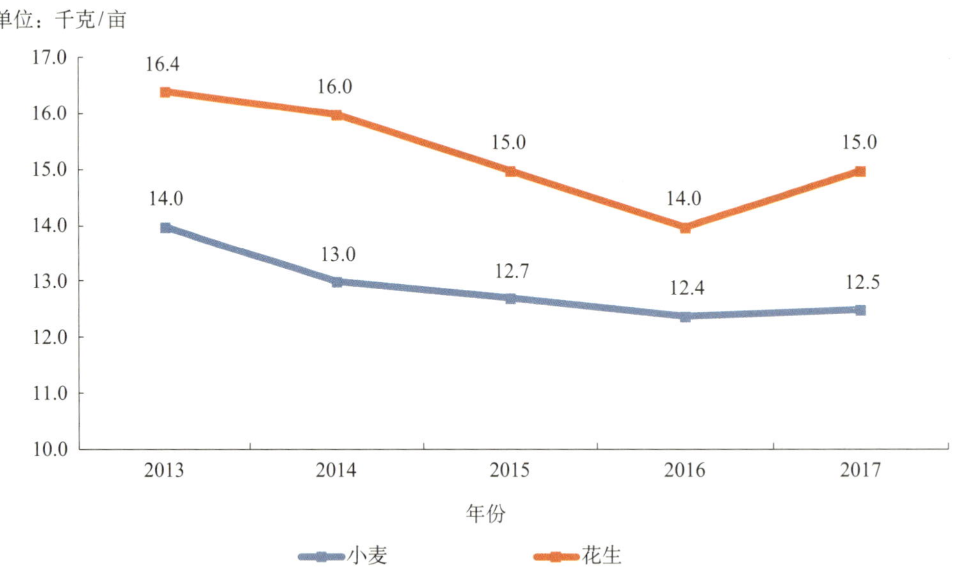

图2-14　2013—2017年河南省小麦、花生亩用种量

杂交玉米和杂交稻亩用种量比较稳定。2013年杂交玉米、杂交稻亩用种量分别是2.0千克/亩、1.0千克/亩，2017年杂交玉米、杂交稻亩用种量分别减少到1.8千克/亩、0.8千克/亩。杂交棉花亩用种量在1.0～1.5千克/亩范围内波动，2017年亩用种量为1.0千克/亩，比2016年降低0.3千克/亩（图2-15）。

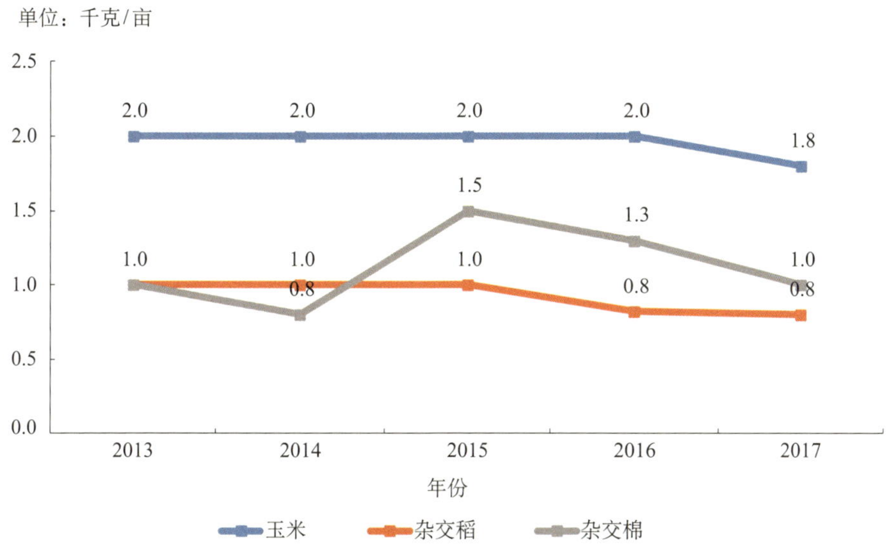

图2-15　2013—2017年河南省杂交玉米、杂交稻和杂交棉亩用种量

大豆亩用种量逐年下降，2017年亩用种量4.5千克/亩，比2016年减少0.3千克/亩。常规棉和油菜亩用种量分别在1.5～2.0千克/亩和0.2～0.4千克/亩区间波动。

近几年，河南省常规稻生产育秧插秧面积适度减缩，直播面积扩大，平均亩用种量有所上升。2017年常规稻亩用种量为4.0千克/亩，比2016年增加1.0千克/亩（图2-16）。

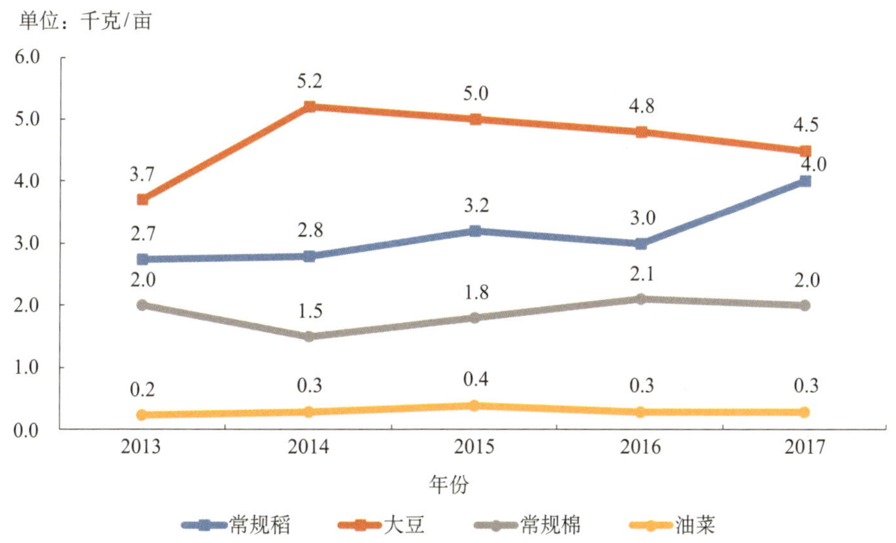

图2-16　2013—2017年河南省常规稻、常规棉、大豆和油菜亩用种量

（3）种子使用总量　根据年度间各主要农作物的用种面积和亩用种量，2017年小麦、玉米、花生、水稻、大豆、棉花、油菜7种主要农作物种子使用总量为15.42亿千克，各作物种子使用量情况见表2-1。

表2-1　2013—2017年河南省7种主要农作物种子使用量

单位：万千克

作物	2013	2014	2015	2016	2017
小麦	122 766	113 898	110 693	108 624	108 750
杂交玉米	12 270	12 707	12 434	11 991	9 126
花生	25 010	23 648	22 395	22 876	31 110
常规稻	471	414	720	516	880
杂交稻	706	750	655	584	536
大豆	1 665	2 506	2 100	2 822	3 645
常规棉	280	173	57	63	52
杂交棉	130	72	103	75	37
油菜	93	84	86	61	57
合计	163 391	154 253	149 244	147 613	154 193

河南省小麦和杂交玉米的用种量约占全国这两种作物总用种量的1/5，是名副其实的用种大省（图2-17）。

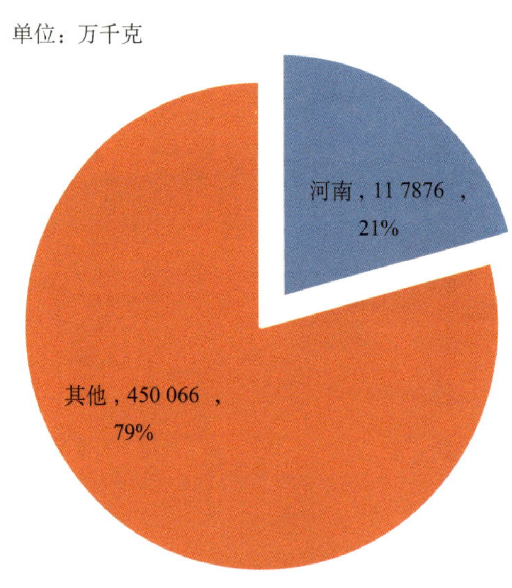

图2-17　2017年河南省小麦和杂交玉米用种量在全国占比
（数据来源：全国农业技术推广服务中心，河南省种子管理站）

2. 商品种子使用量

（1）种子商品化率　商品种子是指农民生产用种从市场上购买的种子，它与农户自留种相对。商品种子率是指在农业生产过程中使用的商品种子量与使用种子总量之比。商品种子率反映了一个时代、一个国家的种业发达程度，更反映了农业发展水平的高低。种子世代间种性变化越大、对生产增产幅度影响越大，种子商品化率就越高，反之则低。杂交玉米、杂交水稻种子上下代之间种性变化显著、影响增产幅度大，种子商品化率达100%。一般常规作物种子上下代之间种性变化不显著、世代间增产幅度差别小，种子商品化率在60%以上（图2-18）。

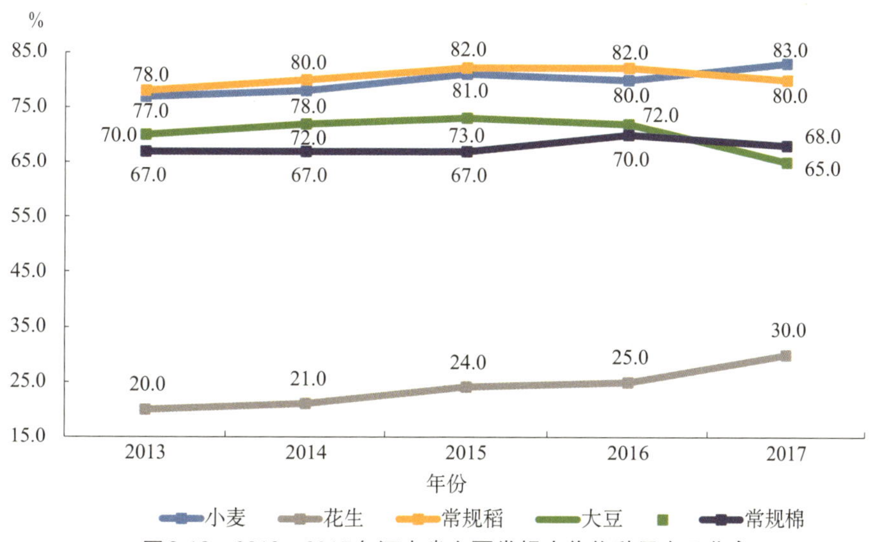

图2-18　2013—2017年河南省主要常规农作物种子商品化率

根据各作物用种量和商品化率加权估算，近5年，河南省主要常规农作物种子商品化率呈稳中有升趋势，在70%～75%且波动趋势明显（图2-19）。

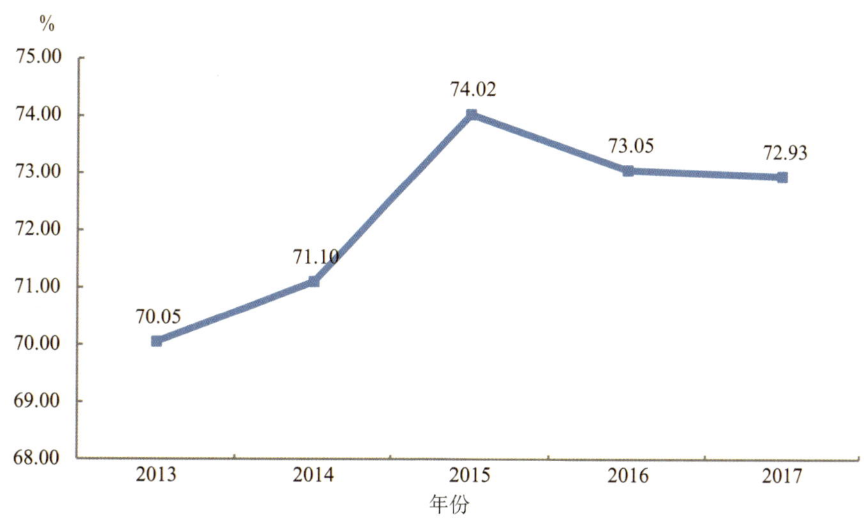

图2-19　2013—2017年河南省主要常规农作物种子加权平均商品化率

（2）商品种子使用量　根据农作物生产用种总量乘以商品种子率，得出商品种子使用量。近5年河南省内商品种子使用量在11.0亿～12.0亿千克区间波动，具体使用量见表2-2。

表2-2　2013—2017年河南省7种主要农作物商品种子使用量

单位：万千克

作物	2013	2014	2015	2016	2017
小麦	94 530	88 841	89 661	86 899	90 263
杂交玉米	12 270	12 707	12 434	11 991	9 126
花生	5 002	4 966	5 375	5 719	9 333
常规稻	368	332	590	423	704
杂交稻	706	750	655	584	536
大豆	1 166	1 805	1 533	2 032	2,369
常规棉	188	116	38	44	35
杂交棉	130	72	103	75	37
油菜	93	84	86	61	57
合计	114 451	109 671	110 477	107 829	112 460

近几年，小麦商品种子使用量稳定在9亿千克左右，其他作物由于种植面积、商品种子率、精量播种等因素变化，商品种子使用总量变化明显。2017年，杂交玉米商品种子使用量9 126万千克，较2016年减少23.89%，近5年年均降幅6.51%；花生商品种子使用量9 333万千克，较2016年增长63.19%，近5年年均增幅19.28%（图2-20）。

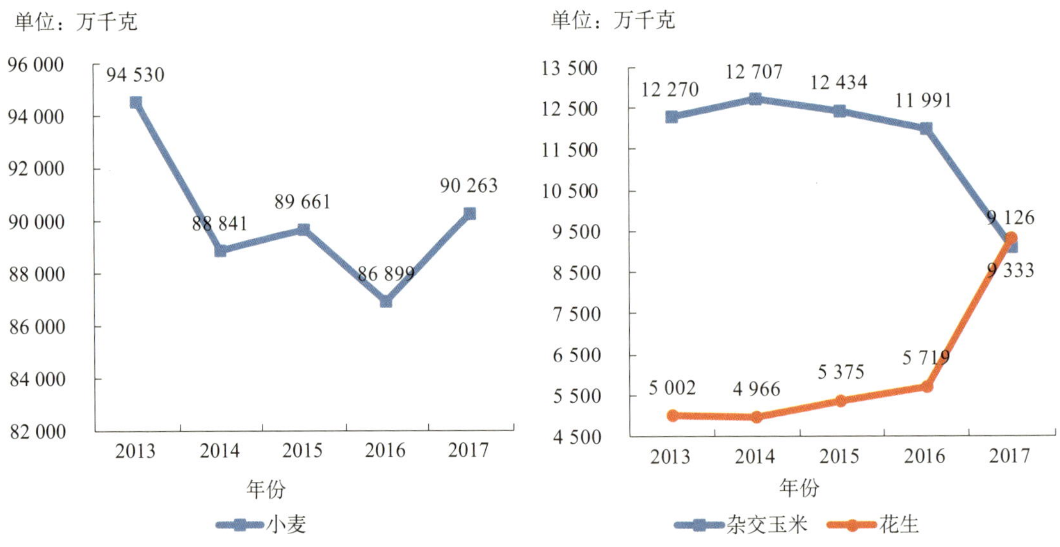

图2-20　2013—2017年河南省小麦、杂交玉米和花生商品种子使用量

（三）主要农作物种子价格与市值

1. 商品种子价格

商品种子价格是指消费者（农户）在市场上购买的种子价格。商品种子价格受生产成本、粮价政策、供求关系、销售时间、适宜区域等多种因素影响。杂交种子由于上下代之间种性差别大、制种工序复杂、生产成本高等原因，商品种子价格较高；一般常规种子由于上下代之间种性差别小、繁种工序简单、农民可自留种等因素，种子价格相对较低。

近年来，河南省小麦、杂交玉米和大豆种子价格走势平稳。2017年全省小麦平均价格为4.72元/千克，较2016年减少0.12元/千克；杂交玉米种子平均价格为22.40元/千克，较2016年减少0.41元/千克；大豆种子平均价格为8.76元/千克，较2016年增长0.26元/千克。

其他主要农作物种子价格年际间波动较大。花生种子价格呈上涨趋势，2017年河南省花生种子价格较2013年增长3.00元/千克，主要是因为全省花生种植面积扩大，花生种子需求增长。常规稻种子2017年价格为9.90元/千克，较2016年减少0.30元/千克。杂交油菜和杂交稻种子价格在2015年达到高点后回落到2013年水平，2017年，杂交油菜和杂交稻种子价格分别为71.00元/千克和64.37元/千克，较2016年分别减少2.70元/千克和增长0.19元/千克，因为全国杂交水稻种子供大于求，生产销售企业库存种子积压量过大。2017年常规棉和杂交棉种子价格分别为29.00元/千克和49.00元/千克，较2016年分别减少0.80元/千克和1.10元/千克（图2-21），由于棉花种植繁种不轻简、费工费时、相对效益低，种植面积下降速度快，内陆棉花生产转向新疆。

与全国各农作物种子平均价格相比，河南省小麦、杂交玉米、常规稻以及常规棉种子价格与全国平均水平基本持平，杂交稻生产用种需要外省调入的品种，商品种子价格略高于全国杂交稻主产区的平均价格。

2. 种子市值及分布

种子市值是指一区域的种子市场规模、供给与需求的种子总价值。种子市值受多种因素驱动，如人口持续增长的压力、耕地面积有限、产量已达最大化、先进技术的发展、作物损失以及农田的大规模扩张。同时，对蔬菜、油类、谷物需求的增长对种子市场的发展起到了积极的影响。然而，新性状的研发周期使市场增长受到了限制。

全球种子市场报告显示，2012年全球种子市场市值为441.222亿美元。2014 年全球谷物类种子占据市场主导，市值为253 亿美元，市场占有率为47%，油料类种子市值为150亿美元，市场占有率为28%。按单个作物细分，玉米市场份额最大达到122亿美元，市场占有率为23%，小麦、水稻、大豆种子市值处于60亿～70亿美元。

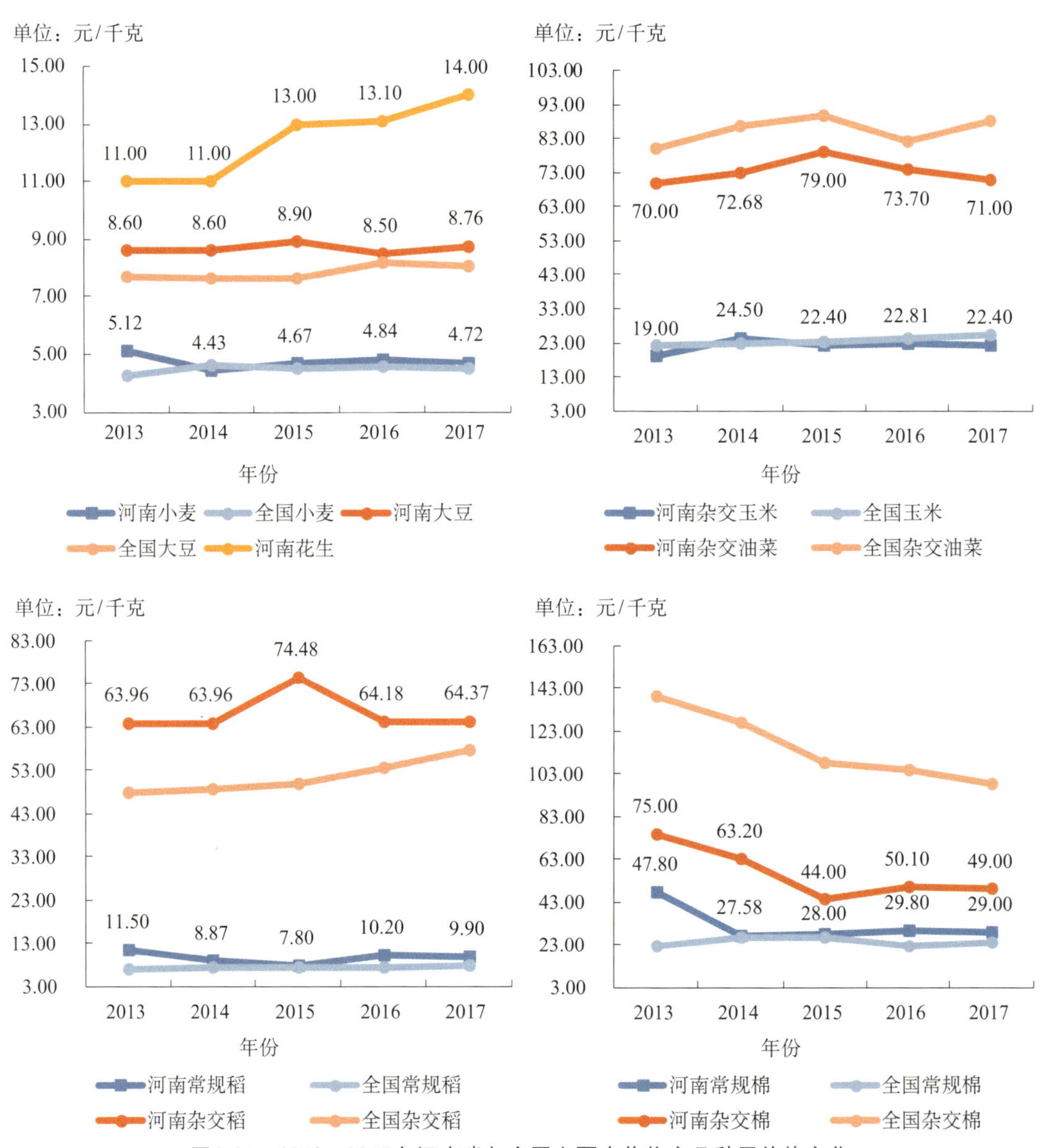

图2-21　2013—2017年河南省与全国主要农作物商品种子价格变化

（数据来源：全国农业技术推广服务中心，河南省种子管理站）

我国是全球第二大种子市场，近年农作物种子市场规模呈稳步上升趋势，2016年我国种子市场总规模约为840亿元，成为仅次于美国的全球第二大种子市场。

根据河南省主要农作物商品种子使用量与种子价格测算种子市值。按照水稻、小麦、大豆、油菜、棉花、马铃薯6种作物种子市场价值分析，2017年全省主要农作物种子（不包含花生）市值约75.18亿元，全国最高，较2016年增长3.10%。其中小麦种子市值最高42.60亿元，占比56.66%；玉米种子次之，市值23.87亿元，占比31.75%；小麦和玉米种子市值总计66.47亿元，占比接近90%（图2-22）。

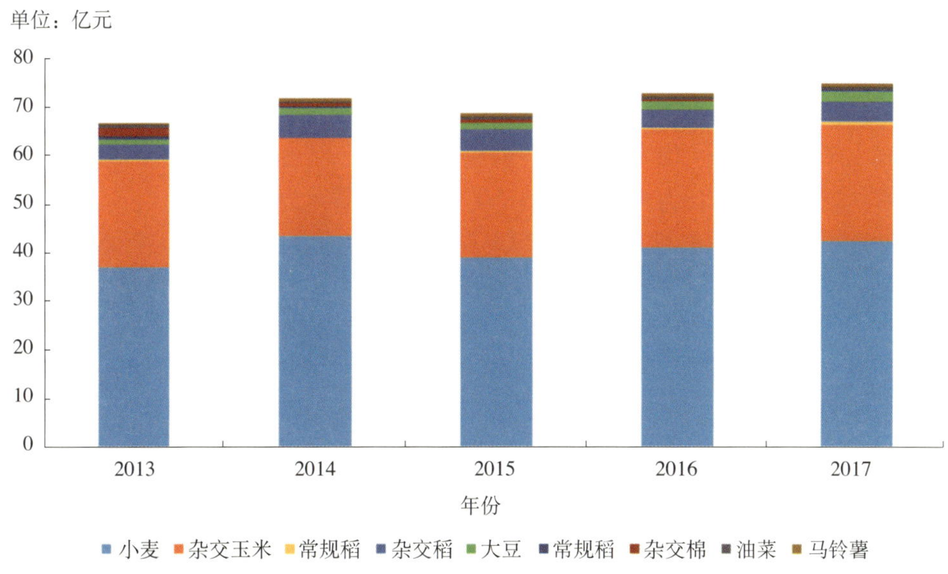

图2-22　2013—2017年河南省主要农作物种子市值

（四）主要农作物品种推广情况

1. 小麦

河南省育成的小麦品种在全国推广中占有重要地位。近10年来，小麦品种在省内推广面积万亩以上的品种数量逐渐增多，由2007年的58个品种增长至2017年的88个（图2-23）。

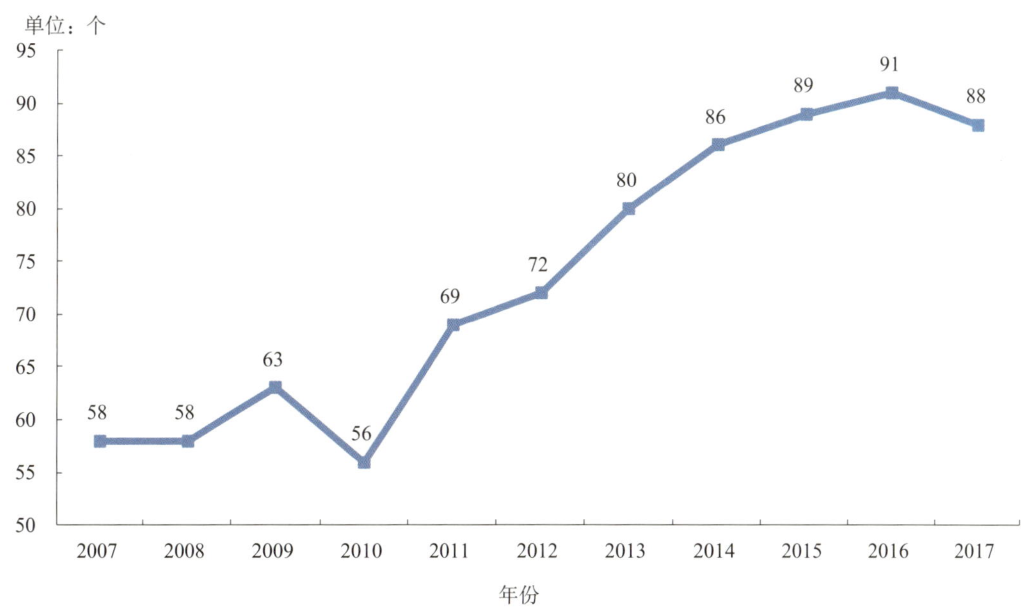

图2-23　2007—2016年河南省小麦品种的推广数量
（数据来源：全国农业技术推广服务中心）

2017年全国冬小麦品种推广面积在前20位的品种中，山东占有6个席位，面积5 811万亩，位居第一；河南占有7个席位，面积5 216万亩，位居第二，包括百农207、周麦27、郑麦9023、郑麦7698、郑麦379、百农AK58、郑麦583，推广范围覆盖河南，辐射安徽、湖北、湖南、江苏、山东、陕西、山西7个省份。河南省为全国冬小麦生产供给了丰富、优质、高产的种子，为全国小麦增产做出了重大贡献。

随着推广品种的不断丰富、品种生命周期的不断更迭，省内小麦品种集中度也经历了由低到高再降低的过程。2012年，随着百农AK58、周麦22、郑麦366等主栽品种推广进入成熟期，品种种植集中度达到顶点，当年省内推广面积前5位小麦品种种植集中度（前5位品种推广面积占万亩以上品种推广总面积的比例，简称“CR5”，同理，前10位品种推广面积占比简称“CR10”）达到72.61%，CR10达到83.18%。推广面积超过1 000万亩的品种有3个，超过2 000万亩的品种有1个，是近10年来的最高值。其后，随着上述品种纷纷进入衰退期，2017年CR5和CR10分别为48.67%和67.89%（图2-24）。2017年只有1个品种种植面积超过1 000万亩。

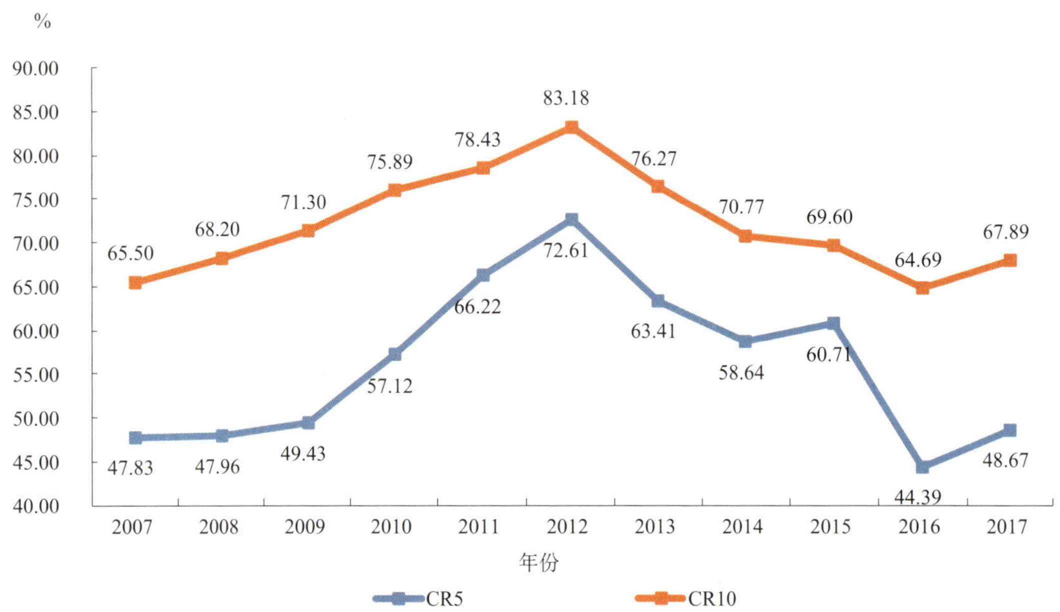

图2-24 2007—2017年河南省小麦品种的种植集中度（CR5和CR10）

（数据来源：全国农业技术推广服务中心）

省内自育品种占主导地位，包括以强筋为主的郑麦系品种列、以中筋高产为主的周麦系列品种和以中强筋为主的百农系列品种。2017年郑麦、周麦以及百农系列品种推广面积分别占总推广面积的19%、15%和23%，合计占比57%（图2-25）。这些以河南省农业科学院、周口市农业科学院和河南省科技学院研发培育的主导品种，体现了河南省小麦育种的科研实力。

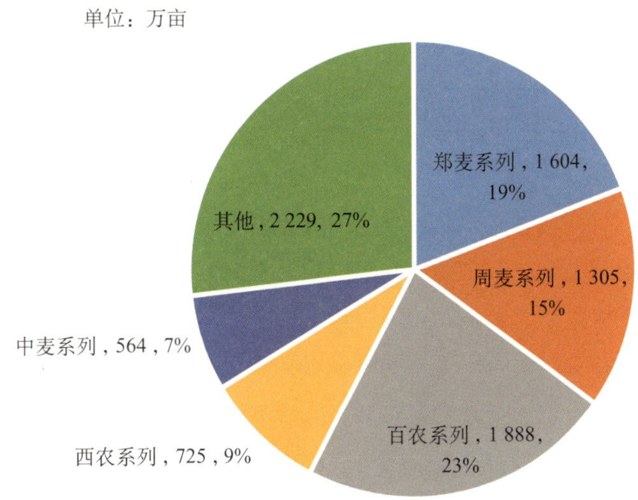

图2-25　2017年河南省小麦品种不同系列占比情况
（数据来源：全国农业技术推广服务中心）

2. 玉米

河南省是全国玉米育种强省，育成的郑单958、浚单20是全国玉米种植近20年来的主导品种，尤其是郑单958，推广近20年来仍然是国内种植面积最大的品种，除西南和青藏地区外均有种植，至今没有新品种能取代其全国第一的地位。

近10年来，省内推广面积在万亩以上的玉米品种数量直线上升，由2007年的54个品种增长至2017年的102个（图2-26）。

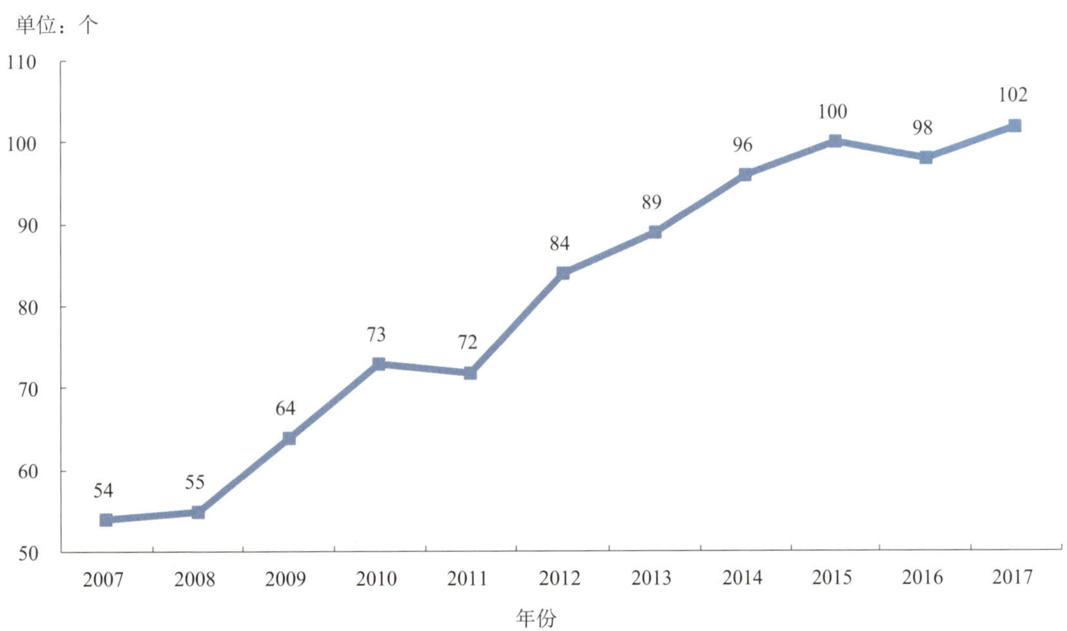

图2-26　2007—2017年河南省玉米品种的推广数量
（数据来源：全国农业技术推广服务中心）

10年间，河南省玉米品种种植集中度波动下滑。2008年是全省玉米品种种植集中度的至高点，CR5和CR10分别为68.68%和80.64%；2017年随着推广品种数量的翻倍，原有的主导品种市场被逐渐地稀释，玉米品种种植集中度逐渐下滑，CR5和CR10下降至41.70%和57.51%（图2-27）。

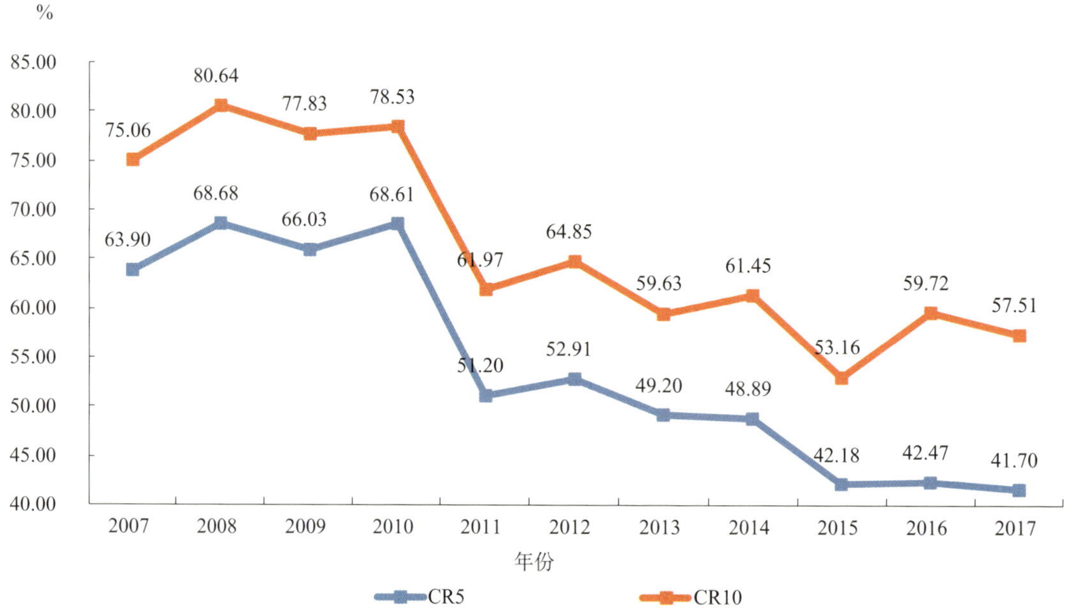

图2-27　2007—2017年河南省玉米品种的种植集中度（CR5和CR10）
（数据来源：全国农业技术推广服务中心）

从前10位品种育成单位来看，河南省正逐渐失去其在玉米品种中的主导地位。2007年前，全国推广面积前10位玉米品种中，河南省自育品种种植面积占前10位总计面积的81.61%，10年后至2017年，这一比例下降至55.10%（表2-3）。近10年来，河南育成的玉米品种仅有伟科702在全国推广面积（第6位）有一定影响外，已没有有影响力的品种出现，而省外的品种纷纷进入河南市场，在省内占据一席之地。

表2-3　2007年和2017年河南省推广面积前10位品种中河南省自育占比

单位：万亩

2007年			2017年		
品种名称	面积	育成单位	品种名称	面积	育成单位
郑单958	1 274	河南省农业科学院	郑单958	568	河南省农业科学院
浚单20	729	河南省浚县农业科学研究所	伟科702	432	郑州伟科作物育种科技有限公司、河南金苑种业有限公司
中科4号	355	北京中科华泰科技有限公司、河南科泰种业有限公司	先玉335	286	杜邦先锋
鲁单981	292	山东省农业科学院玉米研究所	登海605	252	登海种业

（续）

2007年			2017年		
品种名称	面积	育成单位	品种名称	面积	育成单位
济单7号	150	成都丰乐种业有限责任公司	中单909	252	中国农业科学院作物科学研究所
浚单22	145	河南省浚县农业科学研究所	浚单20	220	河南省浚县农业科学研究所
蠡玉16	106	浙江省	隆平206	150	安徽隆平高科种业有限公司
浚单18	94	河南省浚县农业科学研究所	联创808	131	北京联创种业股份有限公司
安玉12	87	河南省安阳市农业科学研究所	德单5号	91	北京德农种业
济单8号	57	成都丰乐种业有限责任公司	浚单29	87	浚县农业科学研究所
河南省自育品种占比	81.61%		河南省自育品种占比	52.94%	

数据来源：全国农业技术推广服务中心

3. 花生

河南省是全国花生种植面积最大的省份，花生种植面积在全省仅次于小麦和玉米。2007—2015年间，省内花生推广面积在5万亩以上的品种数量呈波动下降趋势，2007年推广数量为35个，2015年减少至29个。随着品种审定、登记制度的改革，新审定品种数量增多，花生品种推广数量大幅增长，2016年种植面积万亩以上的品种激增至44个，2017年数量再次翻倍至82个（图2-28）。

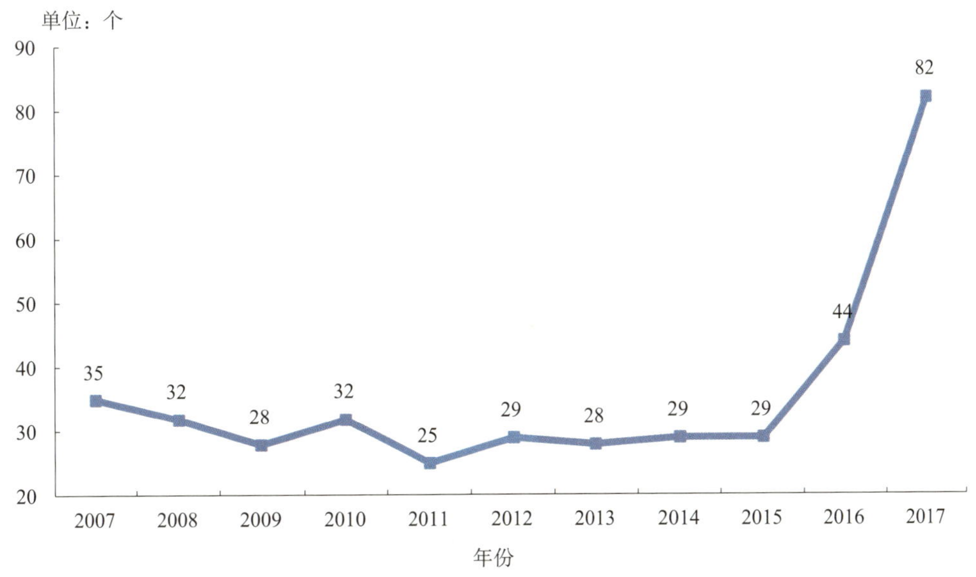

图2-28 2007—2017年河南省花生品种的推广数量
（数据来源：全国农业技术推广服务中心）

河南省花生品种种植集中度在2007—2013年间保持平稳的波动，CR5和CR10分别在60%和75%左右波动，2013年达到顶峰之后便直线下滑，到2017年CR5和CR10分别下降至35.76%和55.31%（图2-29）。主要原因是原有的几个主导大品种，如远杂9102、白沙1016、豫花15和远杂9307等纷纷进入品种的衰退期，种植面积大幅缩减，而新品种逐渐上市却无法替代经典品种。

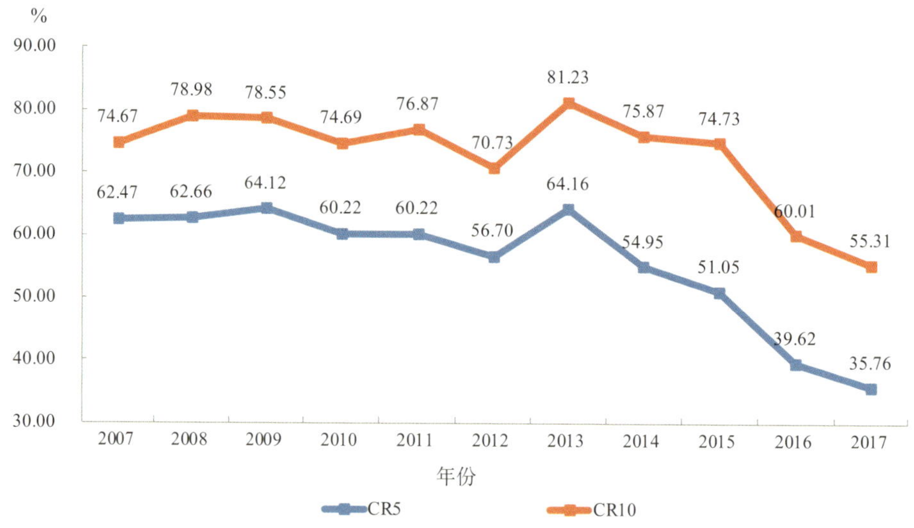

图2-29　2007—2017年河南省花生品种的种植集中度（CR5和CR10）
（数据来源：全国农业技术推广服务中心）

从省内推广品种来看，河南省自育品种占有绝对主导地位，育种主体以省内各大科研院所为主，企业育成品种寥寥无几。以2017年为例，省内推广以省农业科学院经济作物研究所的豫花和远杂系列、开封市农林科学研究院的开农系列、商丘市农林科学院的商研/商花系列、漯河市农业科学院的漯花系列、濮阳市农业科学院的濮花系列和驻马店市农业科学院的驻花系列为主，总计占比达80%（图2-30）。

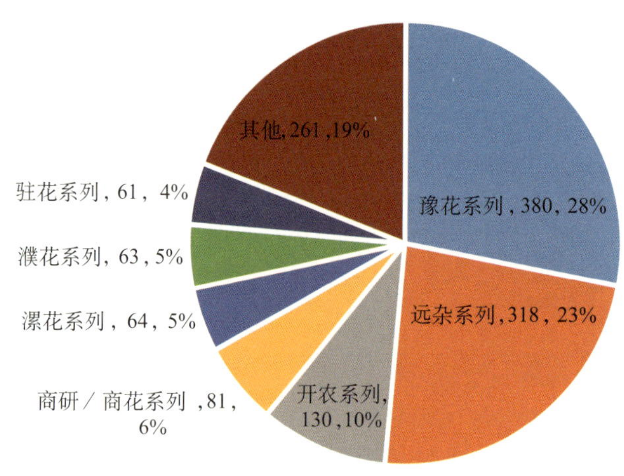

图2-30　2017年河南省花生品种不同系列占比情况

4. 其他主要农作物

（1）水稻　2017年河南省水稻推广面积在1万亩以上的品种有47个，其中常规稻品种12个，推广面积130万亩，推广面积排前10位品种：新丰2号、方欣1号、方欣4号、豫农粳6号、豫粳6号、宛粳096、郑稻096、郑稻18、新稻22、新丰5号，推广面积合计107万亩，占常规水稻品种推广总面积的82%。常规稻以全省自育品种为主。

杂交稻品种35个，推广面积514万亩，水稻推广总面积644万亩。推广面积排前10位品种：C两优华占、冈优188、两优688、扬两优6号、冈优900、晶两优华占、冈优725、Y两优1号、深两优5814和Y两优900，推广面积合计354万亩，占水稻品种推广总面积的54.97%。杂交稻种植品种全是省外品种。

（2）油菜　2017年油菜推广面积在1万亩以上的品种有9个，推广总面积153万亩。其中推广面积排前5位品种：杂98033、秦油10号、信优2405、油研9号和穗源988，推广面积合计124万亩，占油菜品种推广总面积的81.05%。

（3）大豆　2017年大豆推广面积在1万亩以上的品种有33个，推广总面积471万亩。其中，前5位品种：中黄13、郑196、周豆18、郑豆0689、周豆19，推广面积合计323万亩，占大豆品种推广总面积的68.58%，以省内品种为主，河南省农业科学院和周口市农业科学院育成品种推广面积较大。

五、种子企业发展

（一）种子企业的数量与规模

1. 企业数量

2017年，新的种子生产经营许可办法实施后的第一年，全省种子企业总数从409家增至464家，增加55家，持证企业数量仅次于甘肃省，约占全国持证企业总量的9%，（图2-31、图2-32）。

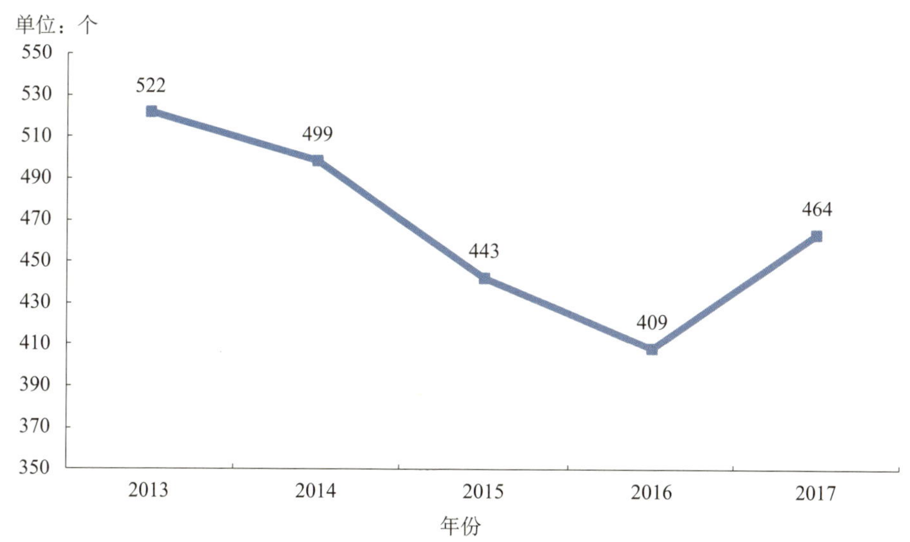

图2-31　2013—2017年河南省持有效经营许可证的种子企业数量变化

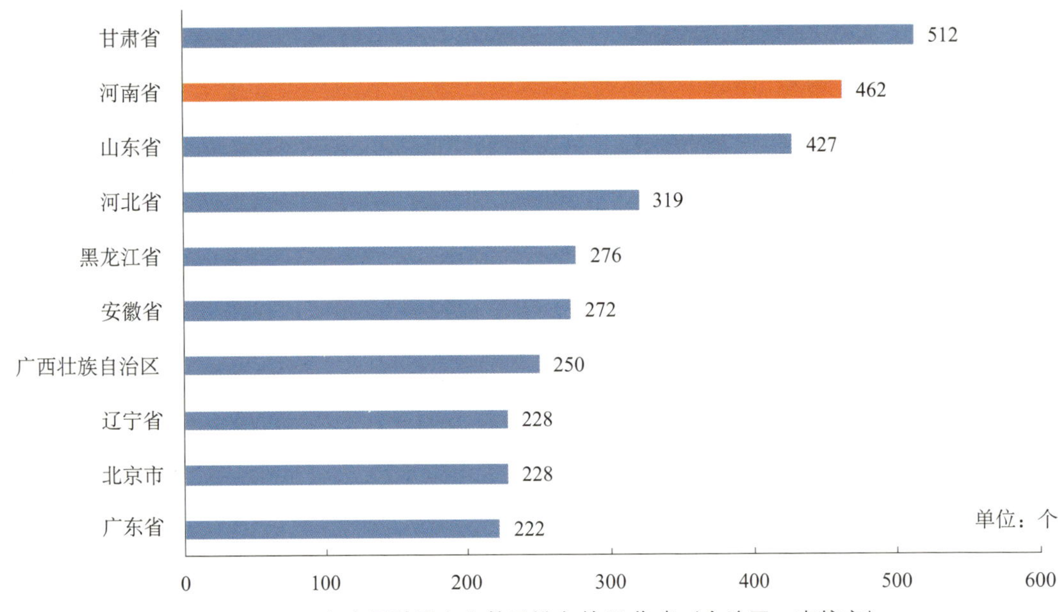

图2-32　2017年全国种子企业数量排名前10位省（自治区、直辖市）
（数据来源：全国农业技术推广服务中心）

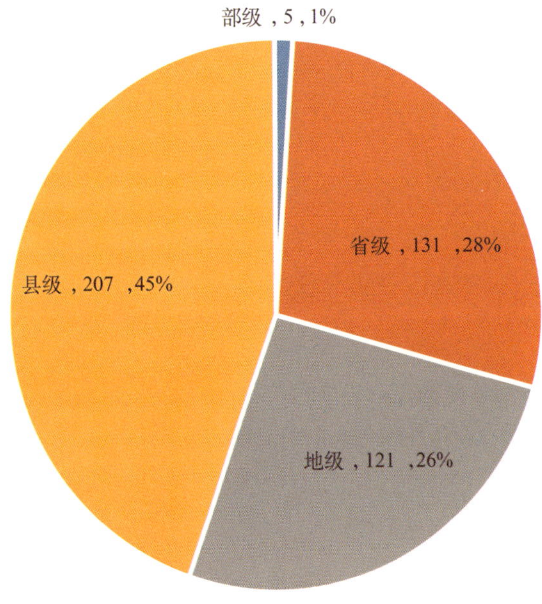

图2-33　2017年持不同发证机构许可证的企业数量比例分布

2016年7月，农业部发布新修订的《农作物种子生产经营许可管理办法》，几项重大调整中有一条：下放育繁推一体化企业许可到省级，下放常规作物原种许可到县级，利于企业就近申请。自此河南省持县级许可证的企业数量快速增长，由2016年的132家增长至2017年的207家（图2-33）。

新办法实施后，省级负责核发育繁推一体化和主要农作物杂交种子及其亲本种子的生产经营许可，地市县区级核发主要农作物常规种子、非主要农作物种子的生产经营许可。从河南省持证企业比例来看，省内以从事主要农作物常规种子和非主要农作物种子生产经营的企业居多，2017年共有328家企业，占全省持证企业总量的70%以上。

2. 企业资产规模

企业的资产状况包括企业的总资产、净资产和固定资产，是反映企业现时规模、经营业绩和生产能力的重要指标。

2017年河南省种子企业资产总额、净资产总额和固定资产总额分别为107.75亿元、80.25亿元和41.62亿元，近几年保持稳定，没有明显的增减（图2-34）。

2017年，全省种子企业资产总额、净资产总额和固定资产总额在全国分别排名第8位、第5位和第3位（图2-35）。

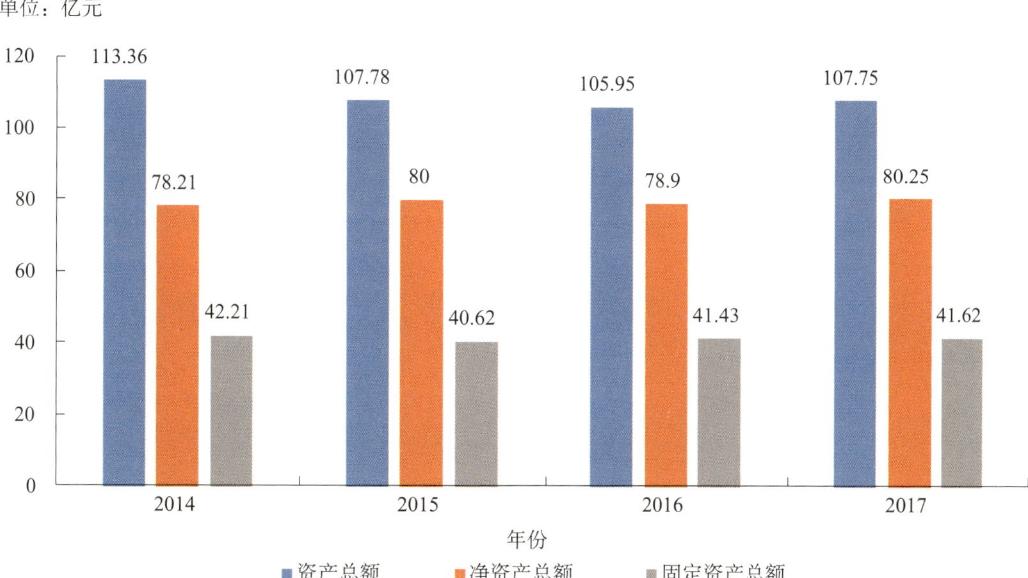

图2-34　2014—2017年河南省种子企业资产规模
（数据来源：河南省种子管理站）

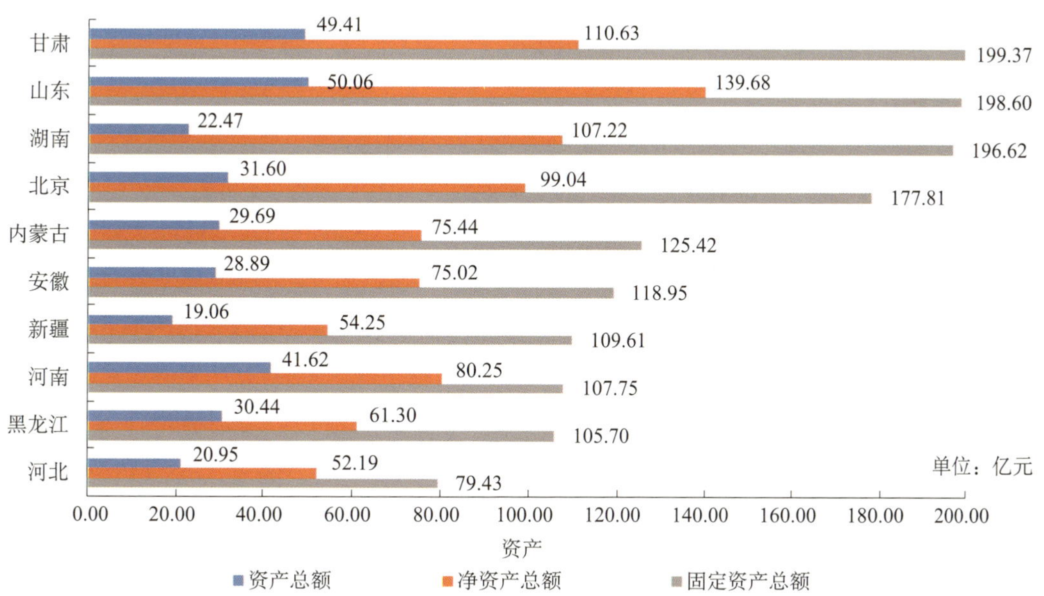

图2-35　2017年全国种业企业资产数量排名前10位省（自治区、直辖市）
（数据来源：全国农业技术推广服务中心）

从资产分布来看，河南省种业资产规模较大的企业数量少。2017年，净资产2亿元以上企业4家，占全省企业总数的0.86%；净资产1亿元以上企业11家，占全省企业总数的2.37%。固定资产1亿元以上企业4家，占全省企业总数的0.86%；固定资产5 000万元以上企业14家，占全省企业总数的3.02%（表2-4）。

表2-4 2013—2017年河南省资产5 000万元以上企业数量

单位：个

年份	固定资产				净资产			
	≥1亿元	占比	≥5 000万元	占比	≥2亿元	占比	≥1亿元	占比
2017年	4	0.86%	14	3.02%	4	0.86%	11	2.37%
2016年	3	0.73%	8	1.72%	4	0.86%	12	2.59%
2015年	4	0.90%	10	2.16%	3	0.65%	9	1.94%
2014年	5	1.00%	9	1.94%	4	0.86%	9	1.94%
2013年	—	—	8	1.53%	—	—	13	2.49%

3. 从业人员状况

近年来，河南省内种子企业职工人数逐渐减少，高学历从业人员和科研人员数量逐渐增多。2017年，全省种子企业从业人员9 173人，与2016年相比减少220人，企业职工中具有硕士以上学历的人员383人，占4.17%，科研人员数量1 949人，比2016年增加97人（表2-5）。种业科研人员中，除自有科研团队外，还聘用科研院所等单位科研人员226人。虽然全省种业从业人员和科研人员数量居全国第二，但是高学历人员数量占比不高，低于全国平均水平（图2-36）。

表2-5 2013—2017年统计企业高学历人数

单位：个

统计项目	2013	2014	2015	2016	2017
职工总人数	10 980	11 508	10 264	9 393	9 173
其中：博士	54	78	73	62	62
硕士	242	281	306	301	321
本科	2 192	2 464	2 435	2 127	2 169
科研人员	1 555	2 178	1 994	1 852	1 949

河南省种业科研人员数量仅次于山东省，排名全国第二，但从科研人员数量占比来看，河南省并不突出（图2-37）。2017年全省科研从业人员占比21.12%，较2016年提高1.41个百分点，高于全国平均水平，同时高于北京市科研人员比例。

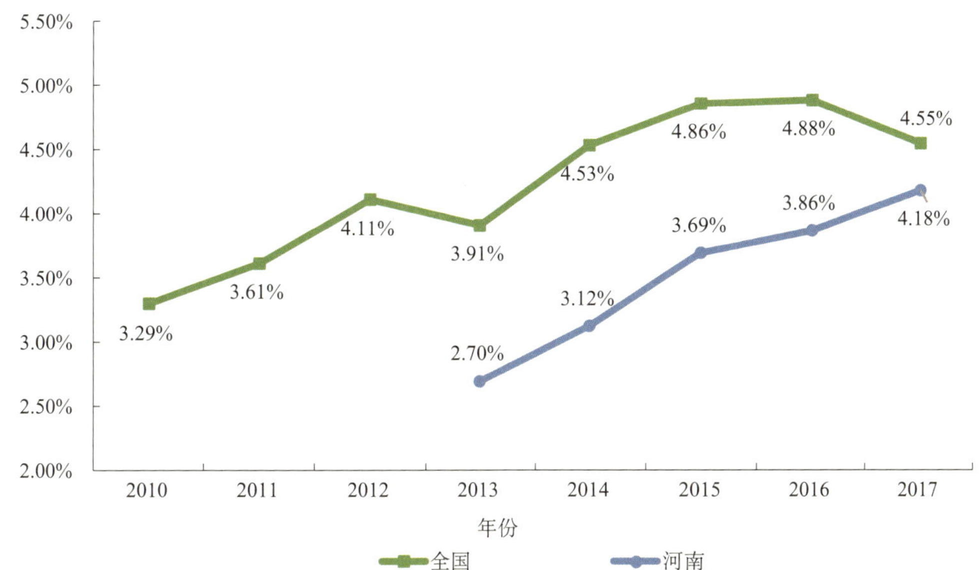

图2-36　2013—2017年河南省种业硕士以上学历从业人员占比
（数据来源：全国农业技术推广服务中心，河南省种子管理站）

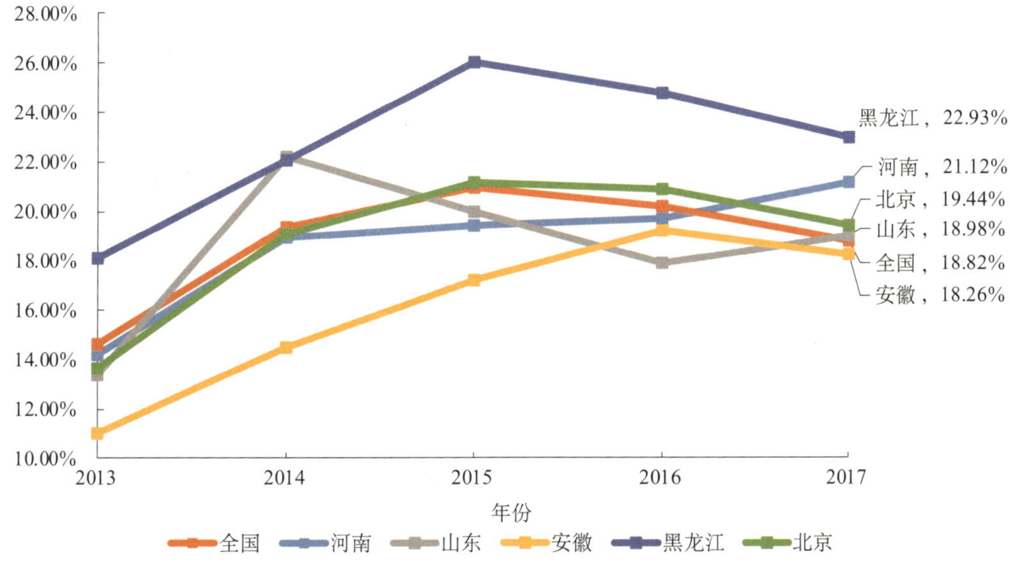

图2-37　2013—2017年部分省（直辖市）企业科研人员占比变化趋势
（数据来源：全国农业技术推广服务中心，河南省种子管理站）

（二）种子企业经营业绩

1. 企业的种子销售收入

种子企业的销售收入包括代繁（制）种销售收入和商品种子销售收入。

2017年河南省种子企业共实现种子销售收入72.90亿元，同比2016年增长3.27亿元（图2-38）。从近几年销售数据来看，河南省种子企业销售收入有逐渐下降的趋势。

持部、省、市县三级证企业分别实现种子销售收入9.75亿元、37.25亿元、25.90亿元，分别占种子销售总收入的13.37%、51.10%、35.53%。

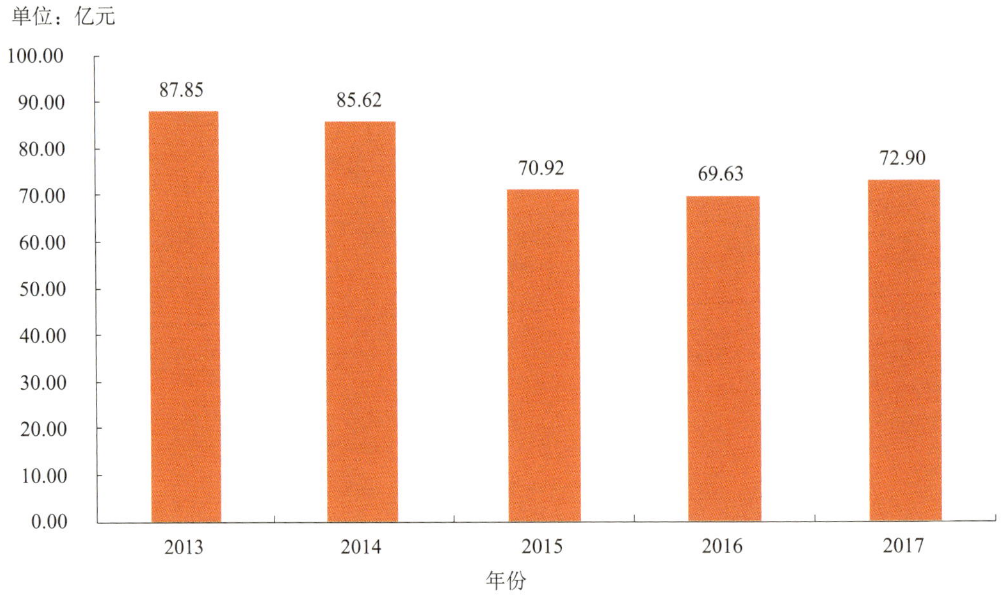

图2-38 2013—2017年河南省种子企业实现种子销售收入情况

2017年，种子销售收入前5位实现销售12.79亿元，与2016年相比增长0.44亿元，占全省总收入的14.56%；前10位销售收入18.70亿元，与2016年相比减少0.36亿元，占全省总收入的21.29%；前50位销售收入41.00亿元，与2016年相比减少3.46亿元，占全省总收入的46.67%（图2-39）。

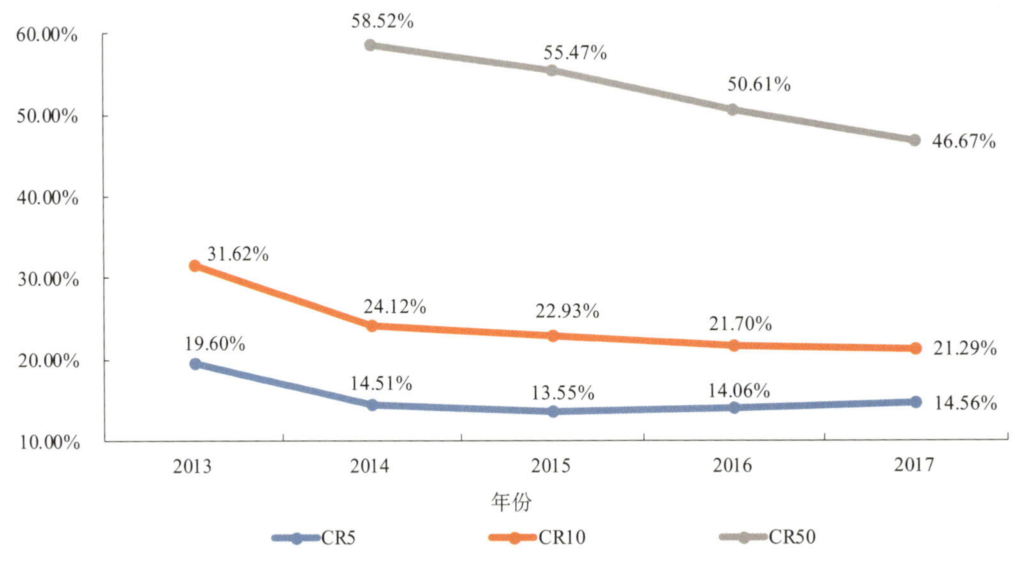

图2-39 2013—2017年河南省种子企业实现种子销售收入情况

2. 企业的种子销售利润

2017年，河南省种子企业实现种子销售利润5.07亿元，同比2016年增加1.05亿元。种子企业实现净利润总额4.09亿元，同比2016年增加0.98亿元，其中种子销售净利润3.34亿元，同比2016年增加0.24亿元（图2-40）。

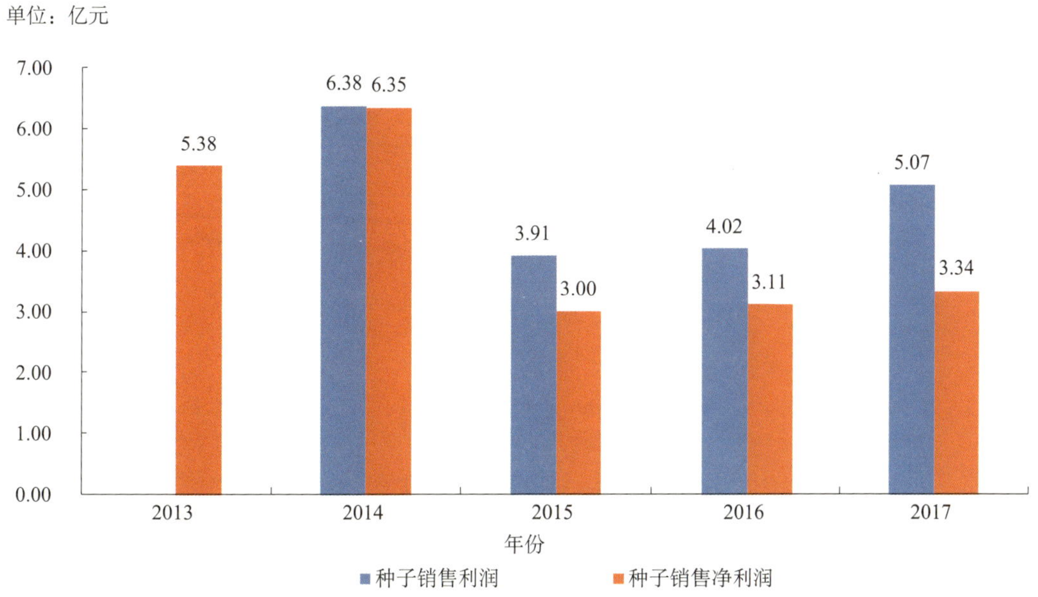

图2-40　2013—2017年河南省种子企业销售利润情况

2017年，河南省种子企业的行业利润率（种子销售利润÷种子销售收入×100%）为6.95%，较全国行业利润率8.62%低1.67个百分点；全省种子企业的种子销售净利率（种子销售净利润÷种子销售收入×100%）为4.58%，较全国种子企业销售净利率的5.92%低1.34个百分点；全省种子企业的净资产收益率（种子企业净利润÷种子企业净资产×100%）为4.16%，较全国净资产收益率的4.91%高0.75个百分点（图2-41）。整体来看，全省的种子行业利润率、销售净利率和净资产收益率低于全国水平。

全省种子企业实现种子销售盈利383家（表2-6），实现利润5.88亿元，亏损企业50家，亏损额0.805亿元。持部级颁证企业种子销售利润0.294亿元，占种子销售总利润的5.8%；持省级颁证企业种子销售利润1.466亿元，占种子销售总利润的28.9%；持市县颁证企业种子销售利润3.02亿元，占种子销售总利润的59.5%。各级持证企业销售利润分别为2.97%、3.94%和11.66%，市县级颁证企业种子的销售利润最高，高于全省平均的6.55%，部级颁证企业销售利润最低（图2-42）。行业内的大部分利润被小规模的企业所瓜分，规模大的企业因为科研育种的大量投入、品牌建设以及种子生产等固定资产的投入而利润减少，尤其是在种子市场私繁乱制、品种无法受到保护、市场监管不严的情况下，大企业的利润更是无法保证。

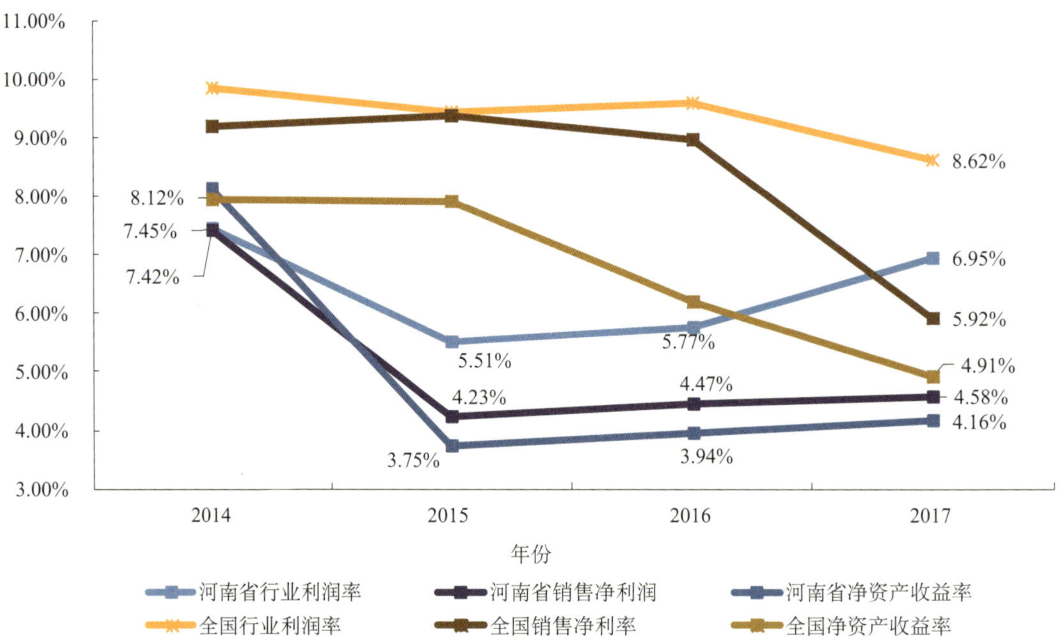

图2-41 2014—2017年河南省种子企业销售利率变化趋势
（数据来源：全国农业技术推广服务中心，河南省种子管理站）

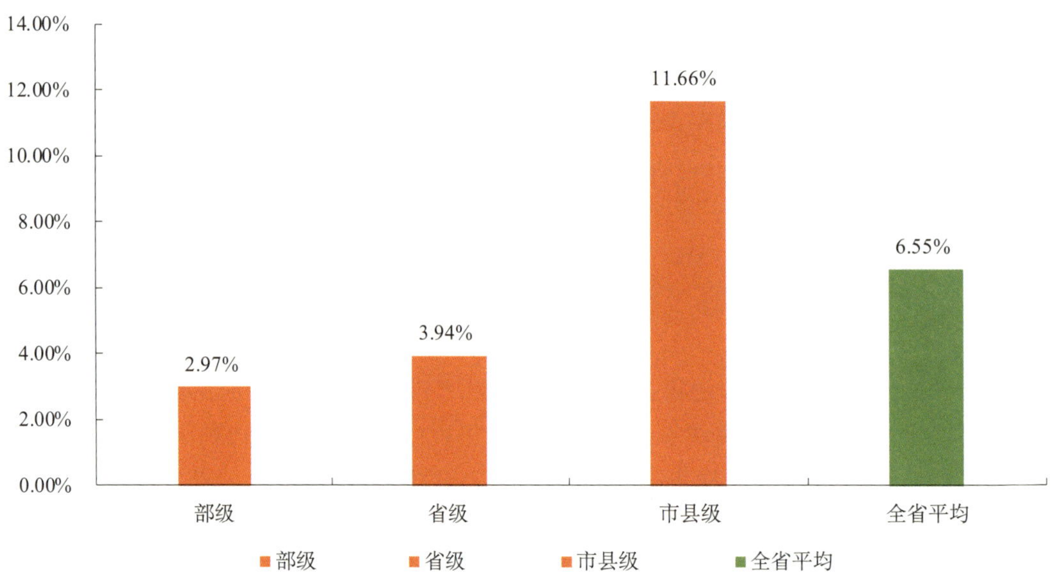

图2-42 2017年河南省种子不同颁证企业种子销售利润情况

表2-6 2017年河南省种业利润十强企业

序号	单位名称	序号	单位名称
1	河南金苑种业股份有限公司	6	河南顺丰种业科技有限公司
2	河南金博士种业股份有限公司	7	河南黄泛区地神种业有限公司
3	河南秋乐种业科技股份有限公司	8	河南省南海种子有限公司
4	河南金沃野农业发展有限公司	9	河南丰德康种业有限公司
5	河南九圣禾新科种业有限公司	10	河南永优种业科技有限公司

说明：不完全统计，排名不分先后。

（三）企业科研投入状况

种子企业的核心竞争力在于科研育种实力，科研投入是反映科研实力的重要指标。近两年，全省种业企业科研投入在2亿～3亿元，2017年投入总额2.83亿元，比2016年增长0.39亿元，科研投入占商品种子销售额的3.87%。

2017年全省种子企业科研投入位居全国第5位，与去年相比退后一名。从近几年的科研投入金额变化来看，湖南、安徽、河北等每年都保持稳定的增长，尤其是湖南和安徽，近两年平均增长率近50%（图2-43）。

从科研投入占销售收入比例来看，2017年全国平均比例为7.90%，河南省比例为3.87%，全国排名第9位（图2-44）。

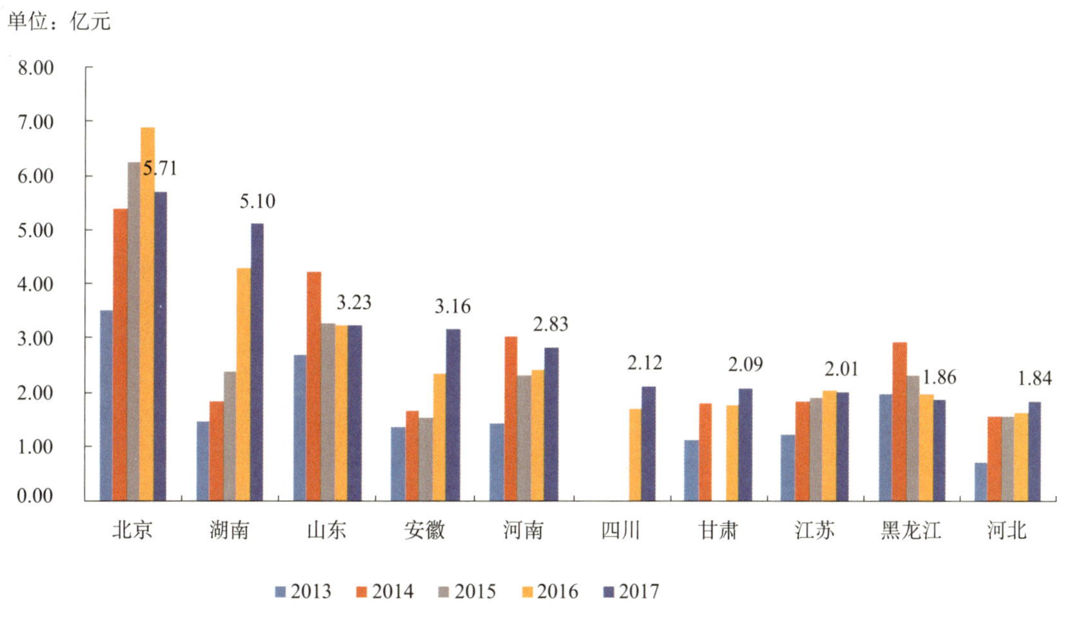

图2-43 2013—2017年全国主要省（直辖市）科研投入变化情况

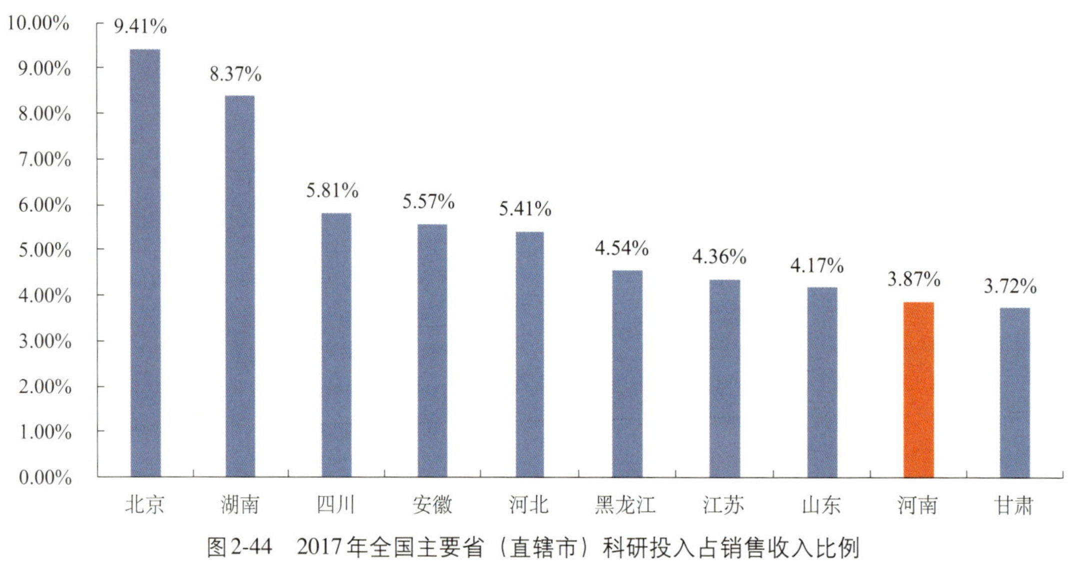

图2-44 2017年全国主要省（直辖市）科研投入占销售收入比例
（数据来源：全国农业技术推广服务中心）

（四）企业品种研发状况

1. 企业通过审定品种

前面分析过，目前河南省企业已经成为品种选育与审定的主要力量。2016年和2017年企业选育国审6种主要作物（水稻、玉米、小麦、棉花、大豆、油菜）品种数分别为9个和40个，占全省国审品种总数的64.28%和85.11%；省审6种主要农作物品种数分别为7个（2016年没有审定小麦和油菜）和30个，占全省省审品种总数的33.33%和57.69%。品种方面，小麦和玉米品种是种子企业选育和申请的主要方向（图2-45、图2-46）。

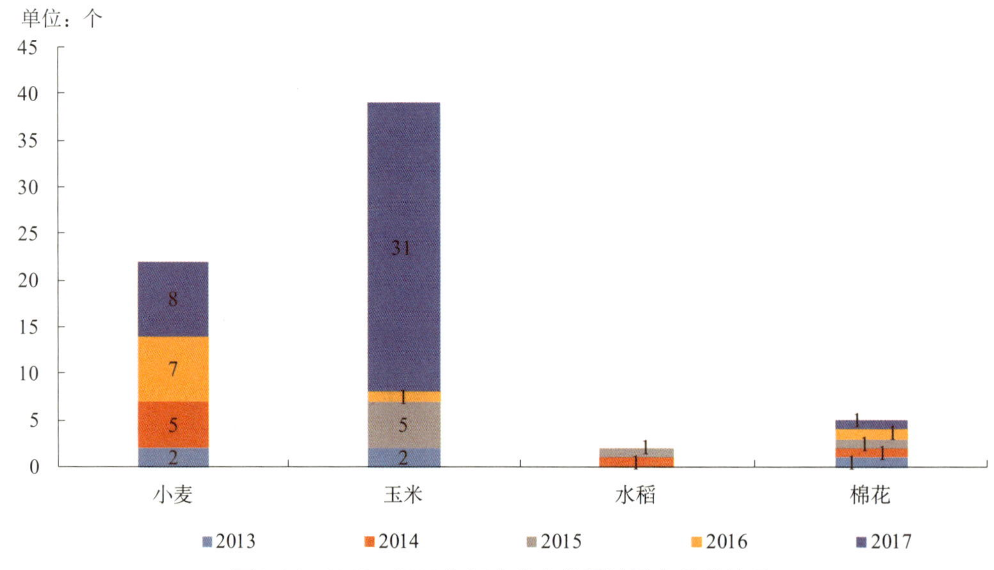

图2-45 2013—2017年河南省企业通过国审品种情况

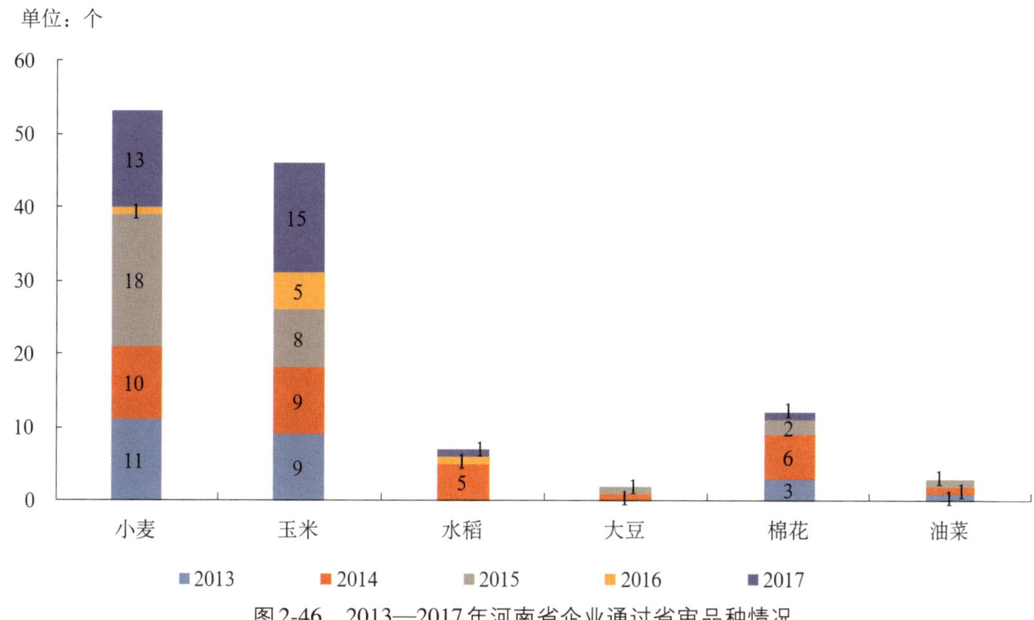

图2-46　2013—2017年河南省企业通过省审品种情况

2. 企业植物新品种权保护

2016年河南省内企业申请农作物植物品种权62件（图2-47），与2015年相比减少49件，种子企业申请数量占全省申请总量的32.80%，低于全国的平均水平52%。企业获得授权保护品种数量为33件（图2-48），与2015年相比增加2件，种子企业授权数量占全省授权总量的24.81%，低于全国的平均水平43.8%。

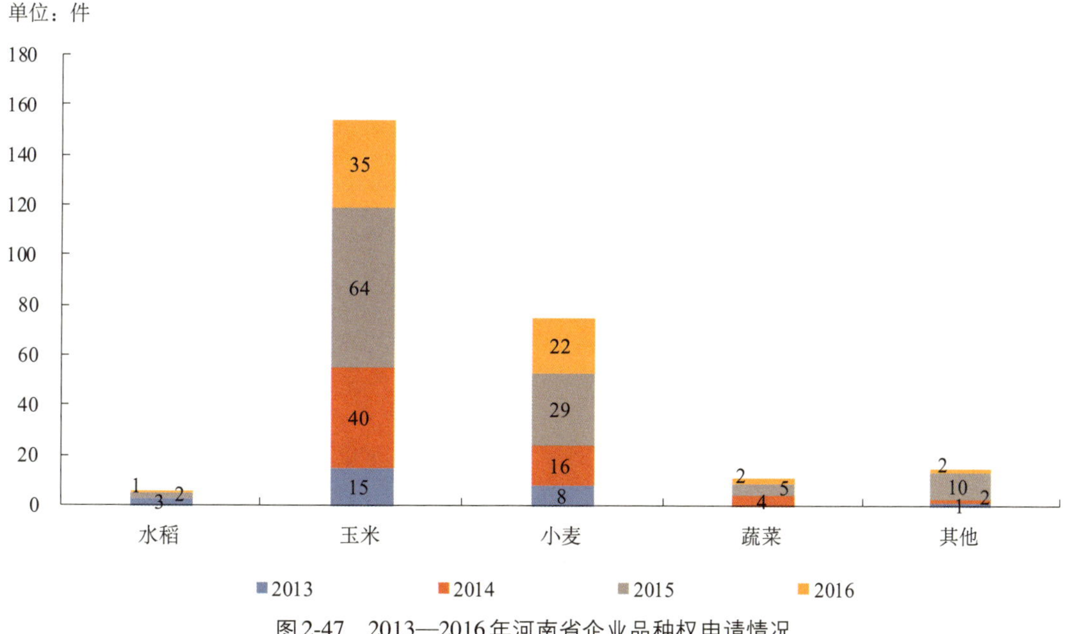

图2-47　2013—2016年河南省企业品种权申请情况

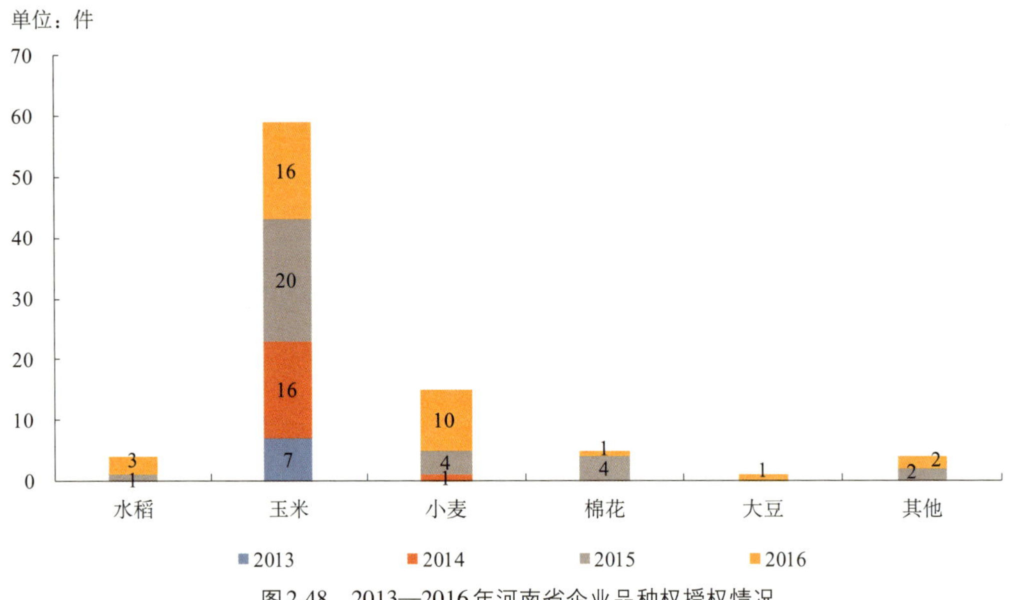

图2-48　2013—2016年河南省企业品种权授权情况

（五）企业利用资本市场状况

现代种业与资本市场的结合，不仅给企业发展带来充足的资金，而且加快了企业股份制改革，完善了现代企业制度和治理结构，给企业的发展带来新的生机。截至2017年年底，河南省内共有4家种子企业登陆“新三板”，分别为河南秋乐种业科技股份有限公司、河南德宏种业股份有限公司、河南金博士种业股份有限公司和中棉种业科技股份有限公司。

其中，金博士种业曾分别于2010年和2014年两次申报IPO，但第一次因主业对单一产品依赖度过高被证监会否掉；第二次因全国种业不景气，公司业绩受到影响，预计业绩亏损而不满足IPO条件，自己撤回申请。河南秋乐种业也于2012年申请IPO，但恰逢证监会暂停了对拟上市企业长达1年多的审核，继而秋乐种业决定先在“新三板”挂牌。另外河南豫玉种业也曾在2016年在河南证监局辅导备案，但至今仍未过会。

河南种业冲击IPO受阻的原因，除去证监会的内部原因，一是主营业务单一，对单一品种过度依赖；二是企业营收不稳定。归根结底，业务单一，品种迭代差，企业发展后劲不足，企业抵抗市场风险能力弱是主因。

（六）国际交流与合作

在河南省政府和省农业农村厅的大力支持下，河南种业实施“国家鼓励农业‘走出去’政策”，积极参与国际农业种业合作。

（1）河南省农业科学院芝麻研究中心与苏丹、埃塞俄比亚、肯尼亚等芝麻主产国建立广泛的科研合作关系。后来，又在苏丹加达里夫省建立国际芝麻科研和生产基地，开展芝麻、向日葵新品种新技术示范推广工作。

(2) 河南省经研银海种业有限公司与塔吉克斯坦签订农业合作协议，在塔吉克斯坦成立农业科学研究中心，建立中国农业科技示范园，建设种子加工中心，每年能生产小麦种子1.5万吨、高质量的棉花种子5 000吨和玉米种子3 000吨，把“银山2号”引进塔吉克斯坦。组织河南中科集团开始在塔吉克斯坦建设配套的化肥厂项目，如此一来，河南也会在第一时间及时有效地了解塔吉克斯坦的农业投资现状和信息，为以后与塔吉克斯坦进行农业合作打下坚实的基础。

(3) 河南滑丰种业科技有限公司与吉尔吉斯斯坦种业合作共建“农作物新品种示范园区”。农作物新品种示范推广园区位于吉尔吉斯斯坦首都比什凯克市，本着“以邻为伴、与邻为善、优势互利、共同发展”的原则，以科技为先导，建成一个以玉米、小麦等农作物新品种及配套高产栽培技术推广为主的科技示范推广中心。由吉尔吉斯民族农业大学提供实验田，河南滑丰种业负责新品种及高产栽培技术的引入。通过新品种、新技术的推广应用，提高吉尔吉斯斯坦农产品质量和品质，使吉尔吉斯斯坦农民得到实惠。将河南具有优势的农作物良种、高产栽培技术推广到吉尔吉斯斯坦，并以吉尔吉斯斯坦为集散地，向中亚五国及俄罗斯扩散。

(4) 秋乐种业与美国、以色列国家种业合作。秋乐种业公司加强与美国陶氏益农公司、美国斯泰种业公司、以色列凯伊玛公司合作，引进玉米、小麦优良种质资源，借鉴国外种子企业商业化育种模式，开展学术交流等取得成效。

六、河南省种子企业类型与分析

河南省种子发展基础好，构成类型丰富，在此简单梳理不同类型企业，供读者了解河南省种子企业的发展现状。因篇幅有限，仅列举部分代表企业。

(一) 以科技成果转化为主型企业

以科技成果转化为主型的企业，一般以高等院校、科研院所等科研单位为科技成果的供给主体，或由科研单位出资组建实施本单位的科技成果转化，或由企业征集科研单位的科技成果、征询科技成果的合作者、与科研单位合作承担研究开发和成果转化、与科研单位相结合，联合实施科技成果转化。

1. 代表企业

(1) 河南秋乐种业科技股份有限公司　河南秋乐种业科技股份有限公司是由河南省农业科学院种业有限公司整体改制而成，以河南农业高新技术集团为第一大股东，联合河南省有实力的20多家农业科研单位、创投公司、公司核心团队等共同持股的育繁推一体化种子企业。公司下属甘肃秋乐种业有限公司、河南金娃娃种业有限公司、河南豫研种子科技有限公司和河南维特种子有限公司4个全资子公司以及河南秋乐种业科学研究院等5个分公司和15个办事处，销售网络遍布全国20多个省份。目前总注册资本1.308 6亿元、总资产5亿多元。2014年8月18日，公司股票成功在“新三板”挂牌，正式进入资本市场。

秋乐种业是河南省种业的标杆、龙头企业，中国种业骨干企业，农业农村部首批育繁推一体化企业，中国种业AAA级信用企业。2012年10月，企业技术中心被国家发改委、科技部等部委联合认定为国家级企业技术中心，作为首批由企业承担的农业部黄淮海主要作物遗传育种重点实验室在公司落户。2018年7月，公司参与投资组建河南生物育种中心有限公司，大幅提高公司的研发实力和综合竞争力。

（2）河南天存种业科技有限公司　河南天存种业科技有限公司是以周口市农业科学院为科技依托，按照现代企业制度组建的集科研、生产、经营于一体的农业高新技术企业。周口市农业科学院是天存种业的科技依托单位，周口市农业科学院科研力量雄厚，在小麦育种、配套高产栽培技术领域具有很强的竞争能力，在新品种创新、院企联合方面一直走在全省前列。现如今公司已拥有省市级经销商300多家，6 000多个销售网点，销售网络覆盖河南、安徽、河北、山东、陕西、湖北、江苏7个省份。公司是中国种业信用骨干企业、河南省粮食生产优秀种子企业，“周科”牌周麦系列小麦种子被授予“河南省名牌产品”。

（3）河南百农种业有限公司　河南百农种业有限公司成立于2001年，注册资金3 100万元，原是河南科技学院全资公司，2015年按照国务院办公厅及农业部种业企业“事企脱钩”文件要求，进行了企业股份制改制，改制后河南科技学院是第一大股东和强大科技支撑。公司发展目标是建成集科研、生产、经营、开发和服务于一体的创新型企业。公司创造性构建出“首席专家负责、分区授权、多点示范、就近供种”的矮抗58推广模式。矮抗58连续6年成为河南及黄淮南部麦区推广面积最大的品种，累计种植面积超过2.6亿亩，2013年荣获国家科技进步一等奖。

2. 特点分析

（1）研发依托优势　河南百农种业有限公司以科研院所为科技依托，具有较强大的科研育种优势，形成核心竞争力。百农种业公司得益于与科研院所的紧密合作，占据品种研发的优势，公司可以优先获得品种转化权和科研院所的科研资源。对于种子企业而言，品种优势是资源优势，是非常关键的因素，优良品种的选育和开发将成为公司的核心竞争力。

（2）过度依赖科研院所，未形成自己的育种体系　以科研院所为依托的种子企业，大多是脱胎于科研院所的所属单位或是有历史渊源的企业。这些企业本身具有良好的市场推广能力，但是育种创新能力差，脱离之初完全没有育种能力，主要依靠科研院所的成果输出。随着政策引导企业成为科技创新主体以及农业科技成果转化平台化等成为大趋势，这些企业面临着品种来源断档或是高成本问题。一是企业与科研单位并未建立紧密的排他性合作关系，品种权转让成本逐渐升高；二是企业自己的育种体系建立刚刚起步，品种选育还需要时间。

以科技成果转化为依托型企业，曾经是河南省科研育种成果的主要输出单位，为河南省优秀品种在全省乃至全国的推广做出过巨大贡献。在时代变迁的今天，企业应该顺应政策和市场的变化，及时调整企业的发展目标和策略，加强自身育种能力的建设，如秋乐种业、百农种业成立研究院，利用与科研院所的合作优势，积极参与国家和省级项目建设，不断提高自己的综合实力，继续为河南省种业发展贡献力量。

（二）以农业资源优势为主型企业

以农业资源优势为主型的企业，主要是利用当地农业自然资源和经济资源优势，从事种业相关活动的企业。自然资源包括土地资源、水资源、气候资源和生物资源等；经济资源包括农业人口和劳动力资源、农业科技生产力等。

1.代表企业

（1）济源市绿茵种苗有限责任公司　济源市位于太行山南麓，山区丘陵面积占80%以上，适宜的地理纬度、独特的小气候条件以及山区自然隔离的生态禀赋，使得这里成为了蔬菜种子的理想产区。济源市现有蔬菜制种基地3.2万亩，年产蔬菜种子300万千克，是河南省最大的蔬菜制种基地、全国最大的十字花科蔬菜种子生产基地、唯一的洋葱杂交种子产业化生产基地，2017年被分别认定为国家首批蔬菜区域性良种繁育基地、国家出口蔬菜种子质量安全示范区，正式成为种子基地建设的“国家队”，也是河南省唯一的国家级种子基地。

济源市绿茵种业公司成立于2003年5月，是专业从事蔬菜种子生产的科技型企业。公司依托济源市优越的自然地理区位和良好的农业生产基础条件，采用“公司+基地+农户”的产业化运营模式，重点发展甘蓝等品种，专注于蔬菜种子生产技术的研究与开发，大力引进新品种和创新技术，在洋葱和十字花科蔬菜制种方面尤为突出。公司已建成制种基地1.35万亩，年产蔬菜种子120万千克，销售收入8 300万元，带动了当地4 000余户农民致富，成为全国最大的十字花科蔬菜种子繁育企业、全国最大的洋葱杂交种子产业化生产企业，在国内外专业化种子生产领域具有良好的商业名誉和重要的市场地位。目前公司已与美国、瑞士、韩国、马来西亚、荷兰、日本以及北京、山东、浙江、台湾等20多个国家和地区的种业集团和科研机构建立了长久的合作关系。

（2）河南黄泛区地神种业有限公司　河南黄泛区地神种业有限公司由黄泛区农场作为主发起人，于1997年5月在周口市成立。河南黄泛区农场是河南农垦最大的优质小麦商品种子生产基地，拥有连片、规模化良种繁育基地15万亩，公司是在农垦的土地资源和生产力基础之上以小麦种子繁育、推广发展起来的，成为集科研、生产、经营及技术服务于一体的股份制种子企业。2011年8月，地神公司与农发种业实施资产重组，整合品种研发、良繁基地、营销网络、资本和管理人才等优势资源，拓宽了公司业务，增强了企业核心竞争力。公司是河南省最大的现代化农垦种子生产经营企业，是农业农村部认定的优质小麦种子繁育基地、中国种业五十强企业，是国家优质小麦种子标准化生产示范单位，河南省农作物商品种子生产基地、优质棉花种子生产基地等。在繁育良种的基础上，地神公司加大对科研开发的投入，建有专门的育种机构——农业科学研究院，开展自主研发。

2. 特点分析

（1）充分利用农业资源，发挥企业技术优势　这类企业拥有得天独厚的农业资源，如气候资源、地理资源、土地资源等，利用技术优势（如制种技术），逐步发展壮大。农业资源是企业的成功要素之一，也是企业的核心竞争力。

（2）需要政府加强扶持　农业资源属于公共资源，企业在利用过程中往往需要投入大量的资金进行基础建设和改造，如制种基地的水利建设、土壤改良、道路建设，农民的技能培训等，才能充分发挥资源优势。企业在对基础设施建设和改造的同时，不仅提升了企业的生产水平，也改善了整个社会公共资源的基础。而单以企业的力量投入基础设施建设收效甚微，需要政府给予财政和政策上的激励和扶持，帮助当地优化资源配置和利用，利用好河南的自然和农业资源，通过企业的做大做强，帮助企业成为河南优势资源的名片。

（三）以自主创新为主型企业

以自主创新为主型的企业，指拥有自主知识产权的核心品种、以自主选育品种为核心产品、拥有自主品牌、有较强的研发实力、主要通过内生方式实现增长（不是依赖并购方式实现增长）的种子企业。

1. 代表企业

（1）河南金苑种业股份有限公司　河南金苑种业股份有限公司成立于2004年，是民营科技型企业，是农业农村部批准的育繁推一体化种子企业，注册资本1亿元。已控股设立新乡市邦达富农业科技有限公司、长春金苑种业有限公司、驻马店金富苑农业有限公司等生产经营公司；投资设立金苑（北京）研究院、新乡优质小麦研究所、郑原作物育种研究所等多家研究公司；设立1个分公司和7个运营中心。公司先后获得国家级高新技术企业、中国种业信用骨干企业、中国种子企业信用评价AAA级信用企业、2017年全国玉米种子20强企业、河南省高新技术企业、河南省农业产业化省重点龙头企业、河南省种子协会会长单位、河南省玉米商业育种工程技术研究中心、河南省诚信种子企业等荣誉。

公司从建立之初就立足于品种的自主创新，利用资本手段按照市场化、产业化育种模式开展品种研发和合作，投资多家专业玉米育种科研机构和公司，并与国内多家科研院所建立了从育种到配套技术研究等广泛而深入的合作关系。公司有专业研发人员28人，其中高级以上职称或拥有博士、硕士研究生学历者16人。在全国建立8个专业化育种站、标准化测试点106个。建立分子生物育种实验室，引进科研数据自动采集和分析系统，年投入研发经费1 500多万元，为河南省之首。公司也是河南省内少有的灵活引入社会资本助力发展的种子企业。

公司和郑州伟科作物育种科技有限公司共同选育的玉米国审品种伟科702，在短短3年时间内就成为全国玉米主推品种。公司拥有多个拥有自主知识产权玉米品种，每年还有多个玉米新组合正在参加国家及有关省试验。同时公司引入德国种子加工设备，并自主设计清选加工工艺，提高种子加工效率和种子质量。

（2）河南丰德康种业有限公司　河南丰德康种业有限公司成立于2009年3月，注册资金3 000万元，是专业从事小麦、玉米新品种选育、生产、加工、销售及服务为一体的现代化农业高新技术企业。公司建有占地42亩的种子加工厂，建立小麦种子基地近10万亩。公司成立育种中心，由国内著名小麦育种家郑天存研究员任首席育种家，下设小麦育种室、玉米育种室，带领16名科研技术人员，主要开展小麦、玉米新品种选育。公司在郑州市和海南省建有育种站。公司育成的强筋小麦品种表现突出。公司先后被评为河南省高新技术企业、河南省强筋小麦工程技术研究中心、郑州市农业产业化经营重点龙头企业等。公司积极推动优质小麦产业化和小麦精量播种技术，取得了良好的经济效益和巨大的社会效益。

（3）河南平安种业有限公司　公司成立于2004年，注册资金3 000万元，是一家集小麦、玉米新品种育繁推一体化的民营高科技企业。育种家吕平安曾荣获国家科学技术进步二等奖和全国粮食生产突出贡献先进工作者等奖项。公司是河南省农业产业化重点龙头企业，是中国科学院、中国农业科学院、河南农业大学、国家小麦工程技术中心和河南省农业科学院育种紧密合作单位，是中原经济区小麦玉米两熟高产高效协同创新中心协同单位，与北京大学现代农业学院院长、美国科学院邓兴旺院士合作建立了抗除草剂农作物新品种试验示范基地。温县平安种业产业化集群和河南省农业标准化生产示范基地，于2018年获得河南省农业厅命名。

公司成立了河南省豫安小麦研究所、河南平安种业农业科学研究院，先后培育出了20个小麦优质高产新品种（系）。公司每年向社会提供优良小麦品种1亿千克、玉米品种600万千克，在河南、安徽等8个省份385个市（县、区）建立了新品种开发应用网络。平安系列小麦品种连续18年在黄淮冬麦区成为主要当家品种，累计推广面积2.8亿亩，增产粮食107亿千克，创造社会效益163亿元。公司是2017年全国小麦种子企业20强。

2. 特点分析

企业是种业发展的主要力量，而科技创新能力是企业的核心竞争力。拥有科技创新能力的企业，具有持续发展的后劲，而创新能力的培养需要资源、资金、人力、时间上的投入。河南省拥有自主创新能力的企业不多，但每个企业都有其独特的优势，或是拥有全国知名的育种家，或是拥有丰富的育种材料，或是拥有先进的育种技术，或是拥有雄厚的资金实力供持续发展。总体来讲，河南种企搞自主创新有基础，但是过于零散化，行业没有整体规划，缺乏政策引导和扶持，靠个体单独发展进程缓慢。

（四）以资本运作为主型企业

以资本运作为主型的企业，主要指利用市场法则，通过企业的合并、托管、收购、兼并、重组等，实现资本结构改善、扩大业务范围、进行转型升级的企业。

1. 代表企业

（1）河南富吉泰种业有限公司　河南富吉泰种业有限公司于2016年在重组原河南领先种业的基础上成立，由河南技丰种业有限公司、齐齐哈尔市富尔农艺有限公司、美国斯泰种业和知名育种家共同投资成立。富吉泰种业是河南省种子协会副会长单位、郑州市种子协会会长单位，先后被认定为郑州市最具影响力企业、郑州市最具发展力企业。公司聚集了河南省内种业具有10年以上种业从业经历的管理人才，在企业经营及科研育种管理方面均具有丰富的经验。

公司科研实力雄厚，科研团队由国内知名育种专家担任负责人，在河南荥阳、海南三亚建有总面积达300余亩的科研试验基地，目前有20多个玉米组合和10多个小麦组合在国家及各省份的试验中。在加强自主研发的同时，公司还与中国农业科学院、中国农业大学、河南农业大学、河南省农业科学院、山东省农业科学院、美国斯泰种业等科研教学单位及国内外多家知名种子企业和民营育种机构进行科研合作、联合测试、品种开发。目前有10余个具有独家和联合开发权品种，发展潜力巨大。

（2）河南鼎优农业科技有限公司　河南鼎优农业科技有限公司成立于2014年，其前身为河南豫优农业科技发展有限公司，是一家注册资金3 000万的育繁推一体化企业。现有员工63人，其中博士3人、硕士5人，正式员工均为大专以上学历，自建科研基地3 000亩（其中长葛2 000亩、新疆500亩、甘肃400亩、海南100亩），生产基地30 000余亩。公司于2011年和2014年分别并购了郑州沃尔斯农业科技发展有限公司、郑州聚丰种子有限公司，实现了由传统的大田作物种子公司向综合性种业集团转变。

公司目前有大田作物和瓜菜作物两大板块业务，两板块独立成司、独立运营、独立核算，均为独立完善的板块，各板块又有各自的协作团队。目前瓜菜已登记及在登记品种166个，申请植物新品种保护近20个；参加各省份不同级别小麦、玉米品种区域试验及生产试验20余个，申请获得6个专利证书、10个软件著作权证书。公司与中国农业大学、中国农业科学院、浙江大学、华中农业大学、河南农业大学、河南省农业科学院、北京农林科学院玉米中心、先正达、法国利马格兰、德国KWS、泰国正大等建立了长期的合作关系。

2. 特点分析

以上两家公司虽然成立时间不长，但是通过企业的并购与重组，短时间内聚集了大量的资源、技术与人才，凭借优质的资源基础、先进的管理模式实现快速成长或转型升级。另外，此类企业管理机制更加灵活，除了与国内科研院所合作外，公司还与国内外领先的种企建立合作关系，引入了先进的理念和技术，能够更加快速、全面地吸收各方面的经验。

（五）其他类型企业

由地方种子公司改制而来，经过自身努力最终发展成为在全省乃至全国具有一定影响力的企业，如河南省滑丰种业科技有限公司、河南省怀川种业有限责任公司等，企业发展之初是地方销售型种子公司，改制后逐渐投入研发、科企合作、扩大销售网络等，发展成为集科研、生产、销售和服务于一体的农业高科技公司。还有很多企业类型就不一一列举。

全省400余家企业构成了河南种业主体，企业的发展集成了河南种业的未来。通过调研和梳理，我们体会到，河南省种企有基础、有潜力、有情怀、有激情，缺乏的是科学的规划、政策的扶持、未来的远见和大刀阔斧改革的决心。目前河南种业整体的发展状况，有历史的原因、有环境的原因、有企业自身的原因，但不论如何，河南种企、种业人会一直坚持砥砺前行。

第三章　河南省种业发展存在的问题

国家改革开放40年，河南省种业历经改革创新发展，取得了不菲成就。但与全国先进省份种业发展比较，尚存差距且有拉大趋势。本书通过对河南省主要科研机构及典型种子企业走访调研，分析各方反映的问题和意见归纳，比较先进省份种业发展模式经验，归纳总结出河南省种业发展存在的积淀问题。

一、种子企业竞争力弱

（一）企业数量多、规模小、集中度低

国家种业发展方向是加快推进整合并购提高集中度，扶持大企业创新驱动力，增强企业内生力和综合竞争力，实现种业强国目标。河南省种子企业数量多，2017年有各类种子企业464家，约占全国总量的1/10。注册资本1亿元以上的9家，注册资本3 000万以上156家，3 000万以下的企业数量占全省的64%。2017年种子销售收入前10的企业占全行业的25%，前50的企业销售收入占全行业的54%。兄弟省份安徽，2015年育繁推一体化种业企业9家，总资产占全行业的48%，种子年销售量占全行业的40%，销售收入接近全行业的50%（数据来源：安徽省“十三五”现代农作物种业发展规划），产业集中度明显高于河南省。

（二）企业实力弱，缺乏领军龙头企业

缺乏大型领军公司、龙头企业，在全国种业竞争中没有话语权。虽然目前河南省有6家企业进入中国种业骨干企业名单，但是企业排名普遍靠后，甚至有所后退。河南秋乐种业科技股份有限公司在2013年骨干企业名单中排名第9位，在2016年的认定公告中后退到第30位（表3-1）。

表3-1　中国种业信用骨干企业名单河南省上榜企业变化

2013年		2016年	
排名	企业名称	排名	企业名称
9	河南秋乐种业科技股份有限公司	30	河南秋乐种业科技股份有限公司
24	河南金博士种业股份有限公司	41	河南豫玉种业股份有限公司

（续）

2013年		2016年	
排名	企业名称	排名	企业名称
41	河南天存种业科技有限公司	42	河南金苑种业有限公司
49	河南滑丰种业科技有限公司	54	河南金博士种业股份有限公司
50	河南黄泛区地神种业有限公司	55	河南黄泛区地神种业有限公司
52	河南省豫玉种业有限公司	57	河南滑丰种业科技有限公司

数据来源：公开资料

2018年9月公布的全国种业20强（按种子销售量）、小麦种业20强中，河南省仅有4家企业入围，数量与山东和安徽入围企业数量持平。河南小麦种植面积位居全国之首、用种量最大、科研育种实力强，但省内排名第一的企业（平安种业）仅位列全国第8位（表3-2），其余上榜企业分别位列第16、第19和第20位。在小麦种子最具实力的领域，河南种业科技强省的实力并未展现出来。2017年，全国小麦种子销售前10强企业中，江苏两家种子企业分别位居第1、第4位，而全省种子企业共122家；河南种子企业在前10强中仅有河南平安种业公司一家且排名第8位，全省经营小麦种子企业多达338家。详见表3-2确知河南种业整体实力状况。

表3-2　2017年全国小麦种业前20强

排名	企业	省份	排名	企业	省份
1	江苏省大华种业集团有限公司	江苏省	11	山东鲁研农业良种有限公司	山东省
2	中农发种业集团股份有限公司	北京市	12	河北大地种业有限公司	河北省
3	九圣禾种业股份有限公司	新疆区	13	袁隆平农业高科技股份有限公司	湖南省
4	江苏明天种业科技股份有限公司	江苏省	14	安徽省白湖种子公司	安徽省
5	中国种子集团有限公司	北京市	15	安徽皖垦种业股份有限公司	安徽省
6	安徽华成种业股份有限公司	安徽省	16	浚县丰黎种业有限公司	河南省
7	山东圣丰种业科技有限公司	山东省	17	江苏红旗种业股份有限公司	江苏省
8	河南平安种业有限公司	河南省	18	山东冠丰种业科技有限公司	山东省
9	安徽荃银高科种业股份有限公司	安徽省	19	河南先天下种业有限公司	河南省
10	山东良星种业有限公司	山东省	20	河南怀川种业有限责任公司	河南省

数据来源：公开资料

（三）企业自主创新能力弱

河南省是种业大省，科研院校基础较好、技术积淀较厚，育种资源存量颇多；种业体制改革缓慢、机制活力不足，企业吸引优秀人才乏力，科研育种与管理经营人才匮乏，科研育种技术资源存量积淀薄弱，综合竞争实力生成缓慢。整个种业业态处于企业多、规模小、集中度低、综合竞争实力弱的状态。据统计，全省注册资金3 000万元以上的种子企业中，有自主研发机构和基础条件的不到30%，创新能力十分薄弱。目前虽然企业品种审定数量占比过半，但同质化类似性品种多，优良性状突出、具有市场竞争力的品种甚少，企业还未真正成为科技创新的主体。创新构建产学研新体制缓慢，机制活力不足，商业化育种体系动力不足，以上是制约种业发展的硬条件。

另一方面，全省大多数种子企业思想观念落后，其主要表现：一是“等、靠、要”思想，在没有搞好企业自身建设的时候一味地要求或等待政府给予财政支持；二是不善于接受新事物，如不善于借助社会资本的力量解决自身发展资金难题，据不完全统计，河南省引入社会资本的种子企业不超过20家；三是不善于集成创新、合作共赢发展，河南种子企业众多，小农意识浓厚，缺乏集成创新、取长补短、合作发展意识。

以上可归结为种业缺乏高端人才。受传统思想观念及农业经济效益的影响，涉农人员总体知识水平层次偏低，农业人才引进难，留住和稳定更难。全省种业大型规模企业少，家族或私人企业多，以眼前利益优先；大部分从业人员从事简单的种子生产与销售，市场大多面向河南省内，复合型、创新型、专业型人才少，市场营销人才及高素质企业管理人才更是不足，无法适应农业科技的高速发展、企业的跨省乃至国际化竞争和发展的需求。

二、科研创新后劲不足

（一）科研育种力量分散

河南省有省、地市级农业科学院和农业大学等组成的科研育种体系，科研力量雄厚，但统筹协调发展不足，各育种机构甚至同一机构不同的研究所或育种室之间各自为战，在种质资源、育种技术、研究方向、研究进展等方面，未能形成协作和信息共享机制，低层次、重复性研究突出，没有形成合力，影响了科研资源的利用效率。

（二）现代生物育种技术能力水平有待提高

河南省运用常规育种技术，育成了玉米品种郑单958、浚单20、伟科702和小麦品种矮抗58、郑麦9023、周麦系列等在全国具有影响力的品种，也曾创造优质种质资源，可谓在常规育种方面取得的成就全国领先。相比全国骨干种子企业前五强的隆平高科、山东登海、北大荒农垦、北京金色农华、中国种子集团，特别是国际种业巨头们来讲，河南省科研院校和大企业运用现代生物育种技术的能力水平不高，把现代生物技术恰当地融入传统常规育种技术不深入、不充分。从发达国家种业发展来看，现代生物育种方法（转基因技术、分子标记、基因编辑等）已经取代常规育种成为育种的主要手段。

（三）基础研究后劲不足

2013年前，全国种业科研创新主体均以科研院校为主，长期以来约80%的科研经费用于商业性育种，种质资源收集改良、育种技术创新等基础性、前沿性研究投入不足，种质创新和开发利用速度慢，制约着突破性大品种的选育。育成的品种多，但是具有应用价值的品种少。

2013年，国务院印发《关于深化种业体制改革提高创新能力的意见》，明确定位科研院所开展基础性、公益性研究。由于基础设施落后，加上基础研究周期长、见效慢的特点，科研院所在减少了商业化育种收入之后，可投入基础研究的资源变少，财政支持不到位，造成基础性研发后劲不足。

三、政府管服和扶持力度有待加强

（一）河南省种业缺乏明确的发展目标

自2012年国务院办公厅发布《全国现代农作物种业发展规划（2012—2020年）》以来，全国各省（自治区、直辖市）政府先后依据全国种业发展规划，根据实际情况制定了种业的中长期发展规划或纲领性文件，制定了明确的发展目标、具体实施方案、发展任务的分解目标及主要责任人等，甚至部分市县也制定了相应的发展规划。

河南省虽然有2011年颁布的《关于深化种业体制改革提高创新能力的实施意见》和2014年颁布的《关于加快推进现代农作物种业发展的实施意见》两份实施意见，但是内容相对笼统，发展目标不够明确具体，没有细化的实施办法及时间表，影响下级部门对于推动种业发展的具体实施。

（二）种业经营环境不理想

一是知识产权保护力度不够。种子审定、登记制度放宽之后，新品种大量涌入市场，企业保护知识产权势单力薄，执法监管部门保护知识产权不力，种子市场上套牌侵权、制售假劣种子、私繁乱制等问题突出，严重损害种子企业品牌利益、知识产权利益和再研发投入，阻碍企业健康发展。

二是执法监督管理难以适应种业发展新形势需要。种业进入快速发展阶段，品种审定试验多渠道、审定标准放宽，品种登记、引种等品种法定管理办法多样化，新品种投放市场速度快、数量大，在极大限度释放科研育种活力、充分实践筛选优良品种、加快发展科技生产力的市场条件下，给种子市场执法监管提出了高标准、严要求和新挑战。新形势下，暴露出种子检验机构不具备鉴定品种真实性能力、种子行政执法力量薄弱、市场监管技术和手段落后等问题。

三是政策环境优势不明显。全国各地都在加快种业建设步伐，提出优厚的产业政策吸引优质企业入驻。如深圳市为打造“种业硅谷”的目标，通过各种方式吸引国内外一流团队，在土地、资金等各方面创造条件，助力深圳种业发展。河南省种子企业扶持政策没有明显优势，优质企业以被省外企业购买、控股等兼并形式外流。

（三）缺乏财政与资本扶持

纵观国际、国内大型种子企业发展历史，无不依靠资本力量快速发展壮大。河南省种业具有雄厚的科研和大市场基础，但种子企业发展滞后，资金短缺是制约河南种业发展的主要问题之一。一是种业基础性、公益性研究需要资金的支持，二是企业的发展需要财政的扶持。河南省种子企业大多数为中小企业，发展时间短，企业自身资本积累不足，而河南省针对种业的财政政策少，专业的风险投资机构少，融资渠道狭窄；在银行信贷方面，又因为没有过多的固定资产作抵押或担保，很难得到银行贷款。企业受限于资金压力，无法增加研发投入以提高创新能力，无法扩大生产规模，无法通过并购等资本活动壮大业务。

国内部分种业强省由省财政牵头建立了专业的种业基金，助力本省种业的发展。如2013年江苏省设立现代种业创业投资基金，支持“育繁推一体化”现代种业发展，首期筹资1亿元；2015年安徽省设立现代种业基金，扶持安徽省农作物种业骨干型企业、成长型种业企业以及大型战略性种业产业发展与服务平台等领域，首期募集资金1.2亿元；2016年山东省成立现代种业发展基金，初期规模3.72亿元，主要用于支持山东省内的种子产业发展。以上基金均由省财政出资牵头、企业出资共同建立（表3-3）。河南省至今还没有专项的种业发展基金。

表3-3　部分省份现代种业发展基金建立情况

时间	省份	基金规模	资金来源	投资方向
2013年	江苏	1亿元	江苏省财政安排资金4 000万元，其余部分由省内相关企业集团、科研院所共同出资	注册地在省内的农作物种业企业，兼顾渔业种苗、家禽畜种、园林绿化种业
2015年	安徽	1.2亿元	省财政出资4 000万元、省农垦集团出资6 000万元、国家种业基金出资2 000万元	安徽省农作物种业骨干型企业、成长型种业企业以及大型战略性种业产业发展与服务平台等领域
2016年	山东	3.72亿元	由山东省财政厅和山东省农业科学院发起，山东省财金投资有限公司出资2亿元、山东种业集团股份有限公司出资1.6亿元和山东天拓投资管理有限公司出资1 200万元	在山东省范围内注册设立的，或者主要经营场所位于山东省的企业和科技研发机构，并将重点支持一批创新能力强、成长性好的现代种子企业

数据来源：公开资料

（四）农业生产保障措施有待完善

种子生产风险大，供种保障隐患多。种子生产供应受自然和市场双重风险影响，如异常天气多发频发、种子生产成本持续上涨和粮价波动等外部因素，尤其是近年来黄淮海地区自然灾害频发，多次造成种子生产受害，以及种子生产基础设施薄弱、规模较小、机械化水平较低等内部因素。在这些因素的制约下，劳务成本逐年上升，种子生产比较效益持续下滑，种子生产基地落实难度逐年增大，保障种子供应数量和质量安全的任务越来越艰巨。种子生产的艰难境地，对保障粮食生产安全十分不利。

第四章　河南省种业发展的建议与展望

一、重点扶持优势企业，提升种业整体实力

（一）充分利用资本手段，促进种业整合

有序引导各类资本流入优质种企，推动科技创新、资本与种企的全面对接，积极支持高科技和新商业模式、新经济业态的种企成长壮大。加大政策扶持力度，吸引国内外优质资源进入省内，增强河南省种业基础。尽快梳理全省小麦、玉米、花生等优势产业链条，培育重点种子龙头企业，支持种业龙头企业和大型专业化公司，通过并购、重组等方式，优势互补，强强联合，有效整合种业上下游产业链，优化资源配置，进一步增强种子龙头企业的带动能力。

结合河南省本地优势，开展定向招商，引进国际、国内知名种业龙头企业。同时，充分运用资本的手段，推动河南省本土优势企业与国内外上市的种业龙头企业联姻发展，实现借壳上市或并购上市。

（二）加强种业人才建设

采取培养和引进相结合模式加强种业人才建设，提升种业人才素质。科技创新方面，促进种业科技人才资源合理向企业流动，加强兼职研发人员的人事管理、薪酬管理等制度创新，促进种业创新人才在企业与科研院所、高等院校之间合理流动。制定相关政策，督促企业重视对研发人员的有效激励，稳定和不断壮大企业创新团队，确保种业科技创新的可持续发展。企业管理方面，一方面加强对企业内部优秀管理人才的专业培养，另一方面从行业内领先企业引入高级管理人才，从而实现种子企业的现代化管理。

（三）扶持企业构建商业化育种体系，提升企业自主创新能力

支持企业构建以作物品类和先进育种手段相结合的矩阵式标准化商业育种体系，引导企业强化种质资源鉴定和创制、育种技术研发、生物信息处理等重点环节建设。积极构建以企业为主体、以科研院所为支撑、以效益分享为纽带的协同创新体系，强化优势

产业，形成聚焦效应。

支持企业扩大育种规模，建立品种测试点，构建完备的试验网络。鼓励资本市场对种业创新的扶持。对未经各级财政支持、自主研发并通过审定的新品种给予后补助奖励。

鼓励种子企业利用大数据、云平台、物联网等信息化手段，覆盖品种、技术、管理、运营模式等全产业链条创新，对拥有自主知识产权的创新成果快速推广应用。

二、完善制种保险体系

在全国《关于将三大粮食作物制种纳入中央财政农业保险保险费补贴目录有关事项的通知》（财金〔2018〕91号）基础上，根据河南省当地实际统一制定制种保险相关条例和标准，进一步完善种业保险参与体制。以风险分散为原则，确定合理的保险比例，充分有效化解风险，调动农民和参保企业的积极性。

三、加大政府对科研院所基础研究投入

加强基础性研究。支持农作物种业领域基础性、公益性、前瞻性关键技术及标准的研发。深化科研体制改革，在进一步区分基础性研究和应用开发性研究的基础上，提高基础性研究经费的保证程度，加大科研投入，开展农作物种质资源普查、搜集、保护、鉴定；建设种质资源共享平台；完善科研人员保障体系，引导科研人员安心从事基础性研究，对应用性研究提供长期支撑。制定和完善品种真实性、种子质量等检验检测技术标准；加强常规作物育种和无性繁殖材料选育及应用技术研发；加强基础设施建设。

四、全面整合科研资源，鼓励科研资源向企业流动

根据科研院校的科研资源分布和各科研单位的优势，突出重点，统揽全局，全面整合科技资源，在各科研单位之间形成既有分工又有合作的良性格局，全面提高科技资源的配置效率。

加强科研单位和种子企业的合作，加强沟通，增强合作，在完善科研人员流动机制和双方合作模式的基础上，鼓励科研资源流向企业，构建优势互补、利益共享的“科研－经营联合体”，使科研优势和生产经营优势都能得到最大限度的发挥。

五、制定河南省种业发展规划

依据《全国现代农作物种业发展规划（2012—2020年》，结合《河南省“十三五”现代农业发展规划》以及“四优四化”科技行动计划目标，制定河南省种业中长期发展规划，明确全省种业定位、发展目标、发展思路和发展重点，制定详细的可行性行动计划

及保障措施，将种业发展纳入全省国民经济和社会发展整体规划，充分发挥政府的主导作用。

六、加强市场管理，保障种业持续健康发展

加强知识产权保护。第一，加大植物新品种权的宣传力度，鼓励育种家和企业积极申请，使品种保护有法可依；第二，梳理全省种质资源、新品种权属问题，建立植物DUS测试体系，完善技术指标和体系；第三，加大品种权市场打假力度，严惩侵权套牌行为，根据标的大小制定惩治措施，达到一定数额的民事、刑事并处，保障品种权所有者和正常经营者的利益，创造良好的种业创新和竞争环境。

加强种子行政执法，加强种子市场监管团队建设。加强种子质量监督体系建设，保证种子质量安全和品种真实；强化种子信息调度体系建设；健全种子管理机构，增加团队人力，加强种子检测培训，提高管理服务水平。